Wawer
Beziehungskiller Kind?

Beziehungskiller Kind?

Wie Eltern den Familien-Alltag harmonisch und gleichberechtigt leben

Susanne Wawer

TRIAS

Bibliografische Information der Deutschen Nationalbibliothek

Die Deutsche Nationalbibliothek verzeichnet diese Publikation in der Deutschen Nationalbibliografie; detaillierte bibliografische Daten sind im Internet über http://dnb.d-nb.de abrufbar.

1. Auflage 2020

© 2020 TRIAS Verlag in Georg Thieme Verlag KG, ein Unternehmen der Thieme Gruppe

Rüdigerstr. 14
70469 Stuttgart
Deutschland

www.trias-verlag.de

Printed in Germany

Programmplanung: Katja Liese
Projektmanagement: Anja Bippus
Redaktion: Ursula Brunn-Steiner
Umschlaggestaltung:
CYCLUS · Visuelle Kommunikation, Stuttgart
Zeichnungen Umschlag und Inhalt: Kirstina Termühlen, instagram.com/kiki.van.den.molen
Autorenfoto: © privat
Satz: Ziegler und Müller, text form files, Kirchentellinsfurt
Druck: Westermann Druck Zwickau GmbH, Zwickau

ISBN 978-3-432-11138-4   1 2 3 4 5 6

Auch erhältlich als E-Book:
eISBN (epub) 978-3-432-11139-1

Wichtiger Hinweis: Wie jede Wissenschaft ist die Medizin ständigen Entwicklungen unterworfen. Forschung und klinische Erfahrung erweitern unsere Erkenntnisse. Ganz besonders gilt das für die Behandlung und die medikamentöse Therapie. Bei allen in diesem Werk erwähnten Dosierungen oder Applikationen, bei Rezepten und Übungsanleitungen, bei Empfehlungen und Tipps dürfen Sie darauf vertrauen: Autoren, Herausgeber und Verlag haben große Sorgfalt darauf verwandt, dass diese Angaben dem Wissensstand bei Fertigstellung des Werkes entsprechen. Rezepte werden gekocht und ausprobiert. Übungen und Übungsreihen haben sich in der Praxis erfolgreich bewährt.

Eine Garantie kann jedoch nicht übernommen werden. Eine Haftung des Autors, des Verlags oder seiner Beauftragten für Personen-, Sach- oder Vermögensschäden ist ausgeschlossen.

Geschützte Warennamen (Warenzeichen ®) werden nicht immer besonders kenntlich gemacht. Aus dem Fehlen eines solchen Hinweises kann also nicht geschlossen werden, dass es sich um einen freien Warennamen handelt.

Das Werk, einschließlich aller seiner Teile, ist urheberrechtlich geschützt. Jede Verwendung außerhalb der engen Grenzen des Urheberrechtsgesetzes ist ohne Zustimmung des Verlages unzulässig und strafbar. Das gilt insbesondere für Vervielfältigungen, Übersetzungen, Mikroverfilmungen oder die Einspeicherung und Verarbeitung in elektronischen Systemen.

Datenschutz: Wo datenschutzrechtlich erforderlich, wurden die Namen und weitere Daten von Personen redaktionell verändert (Tarnnamen). Dies ist grundsätzlich der Fall bei Patienten, ihren Angehörigen und Freunden, z. T. auch bei weiteren Personen, die z. B. in die Behandlung von Patienten eingebunden sind.

Liebe Leserin, lieber Leser,

hat Ihnen dieses Buch weitergeholfen? Für Anregungen, Kritik, aber auch für Lob sind wir offen. So können wir in Zukunft noch besser auf Ihre Wünsche eingehen. Schreiben Sie uns, denn Ihre Meinung zählt!

Ihr TRIAS Verlag

Kontakt:
kundenservice.thieme.de

Lektorat TRIAS Verlag
Postfach 30 05 04, 70445 Stuttgart

Abonnieren Sie unsere Newsletter:
www.trias-verlag.de/newsletter

Besuchen Sie uns auf facebook
www.facebook.com/trias.tut.mir.gut

Besuchen Sie uns auf facebook
www.facebook.com/mama.mag.trias

Folgen Sie uns auf Instagram
www.instagram.com/trias_verlag

Lassen Sie sich inspirieren
www.pinterest.com/triasverlag

Die Autorin

Susanne Wawer wuchs in einem Dorf in Norddeutschland auf und suchte schon früh Zuflucht in Büchern. In Leipzig studierte sie Philosophie, Literatur und Kunstgeschichte und war danach als freie Autorin und Redakteurin tätig. Nachdem ihre zwei Kinder ihre Begeisterung für Pädagogik geweckt hatten, wurde sie Grundschullehrerin. Sie lebt mit Mann und Kindern in Berlin.

Inhalt

1 Baby bedeutet oft Beziehungskrise – warum? 9
Anderen Müttern geht es genauso 10
Ein Dilemma unserer Zeit 11

2 Mit Kindern kommen Krisen 13
Wie kann eine Annäherung gelingen? 14
Wie lange hält die Liebe? 15
Die Kleinfamilie – ein längst überholtes Modell? 18
Gründe für Trennungen 21

3 Traditionelle Rollenbilder 26
Attachment Parenting 27
Wer macht wie viel im Haushalt? 31
Verantwortung teilen ist schwer 37
Mütter wollen perfekt sein 57
Lassen sich Aufgaben gerecht teilen? 63
Kinder bringen die Partnerschaft in Gefahr 70
Wenn Liebende sich voneinander entfremden 75
Kinder verändern die Eltern 82
Finanzielle Abhängigkeit 86
Arbeiten und Kinder 89
Arbeit als Belastung 95

4 Zusammenbleiben trotz Schwierigkeiten 98
Wir müssen reden 99
Körperliche Nähe gehört dazu 119
Keine Lust auf Sex? 122
Begierde braucht Abstand 129
Humor macht das Leben angenehmer 137
Partnerschaft braucht Pflege 140
Bei anderen läuft es auch nicht rund 148

5 Trennung – manchmal die bessere Lösung   151

Gewalt gegen Frauen ist nicht selten   153
Angst vor der Trennung hat oft finanzielle Gründe   155
Trennung als schmerzvolle Erfahrung   156
Wenn die Beziehung in die Brüche geht   158
Für Kinder hat eine Trennung oft zwei Seiten   163
Rechtsstreit um Kinder   169
Oft haben Frauen das Nachsehen   173
Kindesunterhalt   176
Alleinerziehend – so war das nicht gedacht   180

6 Zukunftsträume   183

Was kann die Politik für Familien tun?   184
Armutsfaktor Kind   190
Andere Formen des Zusammenlebens   193

7 Kinder sind wertvoll   197

Plötzlich Vorbild   198
Seite an Seite über den Windelberg   199
Sinn statt Glück   201

Literaturverzeichnis   203

Endnoten   205

Sachverzeichnis   207

1 Baby bedeutet oft Beziehungskrise – warum?

Am Anfang unserer Beziehung war für mich klar: Wir sind anders als andere Paare. Wir begegneten uns auf Augenhöhe und konnten über alles sprechen. Besonders über die unbequemen Dinge. Es gab weder Tabus noch besonders große Scham. Dann wurde ich schwanger und die Sache mit der Gleichberechtigung wurde schwieriger, genauso wie das Reden. Denn plötzlich waren da nicht nur wir, sondern all die Bilder davon, was Eltern und besonders Mütter tun und lassen müssten. Wir dachten zwar, dass wir über all diesen Klischees und Erwartungen stehen würden, aber ehrlich gesagt, hatten wir genau dieselben Probleme wie alle anderen Paare auch.

Vielleicht war es bei euch ganz ähnlich. Vielleicht habt auch ihr euch langsam, aber sicher voneinander entfernt, und du warst zeitweise enttäuscht von deinem Partner, hast es aber für dich behalten, um euer frisch gebautes Nest nicht zu beschmutzen. Vielleicht hast auch du dich über lange Strecken wie ein Automat gefühlt, der nur dazu da ist, die Bedürfnisse anderer zu befriedigen. Vielleicht hattest auch du das Gefühl, in deinen Aufgaben zu verschwinden, und hattest dich für solche Gefühle und Gedanken genauso geschämt wie ich.

Wenn fast alle Mütter die gleichen Probleme haben, ist es vielleicht gar nicht deine Schuld. Möglicherweise stimmt hier einfach etwas nicht. Vielleicht sind wir noch lange nicht so gleichberechtigt, wie wir immer denken.

Mein Mann und ich haben mittweile zwei Kinder, eine Tochter und einen Sohn. Mit unserem ersten Kind veränderten sich nicht nur mein Alltag und mein Stresslevel, sondern auch die Beziehung zu meinem Partner. Tatsächlich schafften wir es noch ein paar Monate, uns weiter wie ein Paar zu verhalten, aber langsam bewegten wir uns voneinander weg. Was er Tag für Tag erlebte, war so verschieden von dem, was ich erlebte, unsere Belastungen und Sorgen so unterschiedlich, dass es immer weniger Momente der Nähe zwischen uns gab.

Wenn ich versuche, mir einen idealen Partner nach der Geburt des ersten Kindes vorzustellen, dann ist viel unrealistische Idylle dabei. In meiner Wunschvorstellung geht mein Partner kaum arbeiten und wir laufen ziemlich häufig zu dritt über duftende Kräuterwiesen. Wenn das Baby ausnahmsweise mal nicht durchschläft, wechseln wir uns nachts ab. Wir müssen uns nicht absprechen oder gar streiten, weil alles von allein läuft und jeder sieht, was zu tun ist, und zupackt. Aber das ist nicht nur dann unrealistisch, wenn man uns kennt. Auch ohne dieses Wissen gibt es in dem Traumszenario nicht genug Geld für die kleine Familie, die plötzlich permanent neue Bodys, Strampler, Strumpfhosen und mehr Platz braucht.

Ein weiteres Problem war, dass ich mit dem Baby plötzlich viel zu müde war, um mir genauere Gedanken darüber zu machen, was ich wollte. Diese unausgesprochenen Erwartungen, die sich auch aus Werbebildern und Naivität speisten, ließen mich immer unzufriedener werden.

Anderen Müttern geht es genauso

Aber ich war nicht allein. Wenn ich andere Mütter nach ihrer Partnerschaft fragte, brach fast immer eine Lawine an Beschwerden los, und ich stellte fest, dass fast alle mit denselben Problemen zu kämpfen hatten. Alle fanden den Spagat zwischen Muttersein und Lovebirds schwierig, fast alle fühlten sich mit der Verantwortung für das Kind alleingelassen und bemängelten eine ungerechte Aufgabenverteilung.

Was uns einte, war: Wir wussten nicht so richtig, wie wir es besser machen sollten. Wir wollten schließlich keine Motz- und Schimpfkühe werden. Im Grunde erwarteten wir von den Vätern unserer Kinder, dass sie sich ganz von selbst in diese viel beschriebenen neuen Väter verwandelten, die selbstverständlich Dreigänge-Menüs inklusive Beikost kochen, nachdem sie dafür eingekauft haben, immer die aktuelle Schuhgröße des Kindes kennen, die Wäsche schon aufgehängt haben, bevor wir dazu kommen, und wie durch Zauberhand im Halbtags-Homeoffice ein ausreichendes Familieneinkommen verdienen. Kurzum: Wir erwarteten von den Vätern dieselben unrealistischen Kunststücke, wie sie auch von Müttern erwartet wurden. Und nichts passierte. Wir wurden nur immer unzufriedener.

Manche der Mütter, die ich im Laufe der Jahre kennenlernte, sind inzwischen alleinerziehend, nachdem sie lange frustriert waren. Manche stecken in deprimierenden Beziehungen und trauen sich wegen der Kinder oder der hohen finanziellen und emotionalen Kosten nicht, sich von ihrem Partner zu lösen. Manche Eltern sind glücklich miteinander. Bei einigen von ihnen hat es zwischendurch ordentlich gerappelt. Sie haben sich gestritten, die Erwartungen und falschen Werbeversprechen klein gehauen, waren kurzzeitig in Affären verschwunden und haben sich danach wieder neu und realistischer zusammengesetzt. So ungefähr war es auch bei uns.

Ein Dilemma unserer Zeit

Ich möchte in diesem Buch meine Geschichte als Beispiel für ein weit verbreitetes Dilemma unserer Zeit erzählen. Dabei werde ich aus Gründen der Lesbarkeit von »Müttern«, »Vätern« und »Partnern« sprechen, wohlwissend und meinend, dass Rollen durchaus vertauscht sein können und dass mit »Partnern« auch »Partnerinnen« angesprochen sind.

Heutigen Familien fehlt es an geeigneten Vorbildern für eine gleichberechtigte Partnerschaft und Organisation der Familienaufgaben. Probleme und Benachteiligungen werden offen benannt und angeprangert, große Medien sind sich einig darüber, dass es ein Problem ist, wenn der Anteil von Frauen in Führungsetagen im einstelligen Prozentbereich liegt und sie im Schnitt weniger als die Hälfte der Rente der Männer bekommen.

Doch mit dem ersten Kind geraten bei vielen Familien die Vorsätze, ihr aufgeklärtes, gleichberechtigtes Leben weiterzuführen, ins Wanken. Denn die Gleichberechtigung, über die sich die meisten Eltern einig sind, kommt da an ihre Grenze, wo es um das Wohl des Kindes geht.

Leider hat sich das Mutterbild in Deutschland nicht mit emanzipiert. Noch immer sind die meisten Mütter die Hauptverantwortlichen für die Kinder, auch wenn die Sorgepflicht zu gleichen Teilen bei beiden Eltern liegt. Dieses Auseinanderklaffen von Einstellungen und gelebter Realität führt in zahlreichen Familien zu einer starken Belastung der Mütter und in der Folge zu Unmut, Vorwürfen und Konflikten in der Partnerschaft.

Mir hat es geholfen, zu verstehen, dass es vielen Familien so geht und dass die Schuld nicht allein bei uns liegt. Es ist ein Problem unserer Zeit. Deshalb möchte ich versuchen, euch ein paar Möglichkeiten aufzuzeigen, wie ihr die Schwierigkeiten, die das Elternsein heute mit sich bringt, gemeinsam besser bewältigen könnt.

Die Lösungen sind oft erstaunlich trivial und setzen bei der Kommunikation zwischen den Partnern an. Aber im stressigen Alltag und angesichts unserer Erziehung und unserer Rahmenbedingungen ist es eben doch nicht so leicht. Der erste Schritt zur Veränderung – davon bin ich überzeugt – ist, zu erkennen, was schiefläuft. Erst dann können wir anfangen, uns zu fragen, wie wir es besser machen wollen, um glücklich, offen und respektvoll miteinander alt zu werden. Ich hoffe, dieses Buch hilft euch dabei.

Susanne Wawer

2 Mit Kindern kommen Krisen

Der Moment, in dem ich ernsthaft anfing, darüber nachzudenken, was ich realistischerweise von meiner Partnerschaft mit Kindern erwarten konnte, wurde durch meinen Mann erzwungen. Wir lagen zusammen im Bett, wie es abends wieder öfter vorkam. Unser zweites Kind war etwa zwei Jahre alt und ich schlief meistens bei ihm, legte mich aber seit kurzem abends zu meinem Mann und blieb dort, bis mich ein Kind rief, was immer vorkam. Auch bei meiner Tochter hatte ich lange geschlafen, da sie nachts immer mehrmals aufwachte und wir uns darauf geeinigt hatten, dass der, der sich tagsüber stärker konzentrieren muss, ungestörter schlafen darf. Das war mein Mann.

Ich hatte mich in meine Mutterrolle hineingefunden und war eine dieser sehr ambitionierten, geistig unterforderten Akademikermütter, die sich ein bisschen zu viele Gedanken um die Aufzucht und Pflege ihrer Kinder machen. Da wir keine Angehörigen in der Nähe haben, hatten wir kaum Hilfe. Und weil wir uns zumindest übergangsweise auf das Einverdienermodell geeinigt hatten, war ich größtenteils für die Kinder und den Haushalt zuständig. Ich ernährte meine Kinder gesund, organisierte Treffen mit anderen Kindern, machte Ausflüge mit ihnen in den Wald, auf Spielplätze und baute Legotürme. Meine Kinder trugen schicke, biozertifizierte Klamotten und bevor ich etwas für sie kaufte, las ich alle verfügbaren Rezensionen. Natürlich war ich auch Elternvertreterin in der Kita.

Aus irgendeinem Grund dachte ich bis zu diesem Abend, dass das, was ich tat und was mich bis an den Rand der Erschöpfung in Beschlag nahm, genug sei. Ich dachte, indem ich eine gute Mutter bin, wäre ich auch eine gute Partnerin. Für mich war meine Selbstaufgabe ein Geschenk an die ganze Familie. Aber als mein Mann die Worte sagte, die das alles infrage stellten, zerbrach diese Illusion. Er sagte, dass er nicht mehr wisse, ob er mich noch liebe. Ich hörte es in meinem Innern knacken und dachte nur: Da ist gerade etwas kaputtgegangen. Er redete weiter darüber, dass er so nicht leben wolle, so entfernt, so nebeneinanderher, jeder in seinem Hamsterrad, in dem er für die Familie rennt, aber den anderen nicht wirklich sieht. Nicht mit dieser gegenseitigen Bissigkeit und Lieblosigkeit. Ich hörte ihm in meinem Schockmodus zu, war aber zu überrascht, um richtig zu verstehen, was er sagte. Wie die Nachricht vom Tod eines nahen Angehörigen tropfte das Verstehen nur langsam in mein Bewusstsein.

Ich werde nicht von all den Tränen und Verletzungen schreiben, die dieser Moment zur Folge hatte. Das Wichtigste war, dass dieser Abend eine Kehrtwende darstellte. Dieser Abend, die Zweifel und die Unzufriedenheit meines Mannes hatten alles infrage gestellt, von dem ich dachte, es sei unumstößlich.

Wie kann eine Annäherung gelingen?

In den folgenden Tagen und Wochen fingen wir wieder an, miteinander zu sprechen und uns Briefe zu schreiben wie zu Anfang unserer Beziehung. Wir hörten auf, uns zu schonen und uns unser Leben schönzureden, um unser Nest nicht zu beschmutzen oder zu gefährden. Stattdessen sprachen wir über unangenehme Dinge. Darüber, dass wir uns im Lauf der Jahre in andere Leute verliebt hatten, über unsere Sehnsüchte und was uns verletzt hatte, darüber, was wir am anderen hassten, aber uns nie getraut hatten, auszusprechen. Wir fanden zurück zu der Schonungslosigkeit, die unseren Umgang früher ausgemacht hatte, und wir überlegten uns ernsthaft, wie ein Leben im Fall einer Trennung aussehen würde.

Und als wir uns nach Wochen darüber klar wurden, dass diese Aussicht für uns beide wenig verheißungsvoll war, fragten wir uns, was wir voneinander wollten und erwarten konnten. Ich wurde zufriedener, weil ich mich von dem Bild einer glücklichen, gleichberechtigten Partnerschaft mit Kindern verabschiedete, bei der ich meinem Partner jede Schieflage vorwarf. Stattdessen lernte ich es zu schätzen, dass auf mir nicht der Druck der finanziellen Versorgung lastete. Ich genoss es, mit meinen Kindern Zeit verbringen zu dürfen und durch Kita und Schule Zeit zum Schreiben zu finden.

Rückblickend denke ich, dass wir eine Art Paartherapie ohne Therapeuten gemacht haben. Wenn wir es uns in unserem Leben und in unseren Rollen allzu gemütlich gemacht haben, ist meist ein ordentlicher Knall nötig, damit wir aus der Routine herauskatapultiert werden. Bei anderen Paaren, die weniger schonungslos miteinander reden, hat eine Affäre oder ihre greifbare Nähe diesen Knall bewirkt. Bei wieder anderen war es ein plötzlicher Schicksalsschlag, der Tod eines nahen Verwandten oder eine ernste Erkrankung, der ihnen verdeutlichte, dass das Leben zu kurz ist, um es mit zusammengebissenen Zähnen in Unzufriedenheit zu verbringen.

Beziehungstipps
- Nimm direkte oder indirekte Äußerungen von Unzufriedenheit deines Partners immer ernst.
- Höhen und Tiefen gehören zu jeder Beziehung dazu, doch grundlegende Schwierigkeiten solltet ihr unbedingt ansprechen oder klären.
- Keine Angst vor Krisen und Veränderungen! Wer gemeinsame Kinder hat, meint es gewöhnlich einigermaßen ernst.
- Wenn du dich deinem Partner wieder annähern willst, solltest du bereit sein, Ideale zu hinterfragen, Prioritäten anders zu setzen und am gegenseitigen Umgang zu arbeiten.

Wie lange hält die Liebe?

Als wir zu einer diamantenen Hochzeit eingeladen waren, fragte ich mich, ob wir überhaupt so lange leben würden, dass wir unseren sechzigsten Hochzeitstag erlebten. Und angesichts unserer paar Jahre Zusammensein und der kümmerlichen Ehedauer fragte ich mich: Wie viele Verletzungen, wie viel Betrug und wie viel Zuversicht verbergen sich hinter diesen sechzig Jahren? Wie oft mussten sie sich neu erfinden und zweifelten an ihrer Liebe? Wie oft haben sie sich gefragt, ob sie den anderen weiter aushalten oder doch lieber weglaufen wollen?

Denn mit den Jahren verändern wir uns. Kinder verändern uns, aber auch das Leben mit seinen zahlreichen anderen Herausforderungen. Und jede dieser Verschiebungen muss in einer Beziehung mit vollzogen werden. Es stellen sich neue Fragen und die Leidenschaft gerät angesichts des Alltags nicht selten unter die Räder. Wenn wir jeden Tag sehen, wie der oder die Geliebte aufs Klo geht und (hoffentlich) hinter sich die Tür schließt, wenn wir hören, wie das Fenster geöffnet und die Klospülung betätigt wird, wenn wir sehen, wie sich der oder die andere kratzt, popelt, wie er oder sie hustet, niest, rülpst und stundenlang auf dem Sofa liegt und Chips essend Candy Crush spielt, dann geht dabei unweigerlich der zarte Duft des Frühlings, der ihn oder sie früher umgab, verloren. Es passiert nicht sofort, sondern ganz langsam und Stück für Stück. Alltag und Leidenschaft sind schwer unter einen Hut zu bringen.

Wenn die Lust verschwindet ...

Manchmal scheitern Beziehungen an scheinbar kleinen Dingen. So häuften sich bei Anne und ihrem Mann die Ärgernisse so lange an, dass ihre Beziehung schließlich unter ihnen begraben wurde.

Anne, 37*

Nie hat er sich um den Haushalt gekümmert!

Wir waren acht Jahre zusammen und haben zwei Kinder, die im Abstand von einem Jahr geboren wurden. Bei beiden bin ich nach kurzer Elternzeit wieder arbeiten gegangen. Mein Mann und ich haben uns die Aufgaben geteilt: Ich arbeitete tagsüber, er abends. Und so gaben wir uns die Klinke in die Hand. Neben Kindern, Job und Haushalt hatten wir keine Zeit mehr für uns als Paar und die Leidenschaft ging langsam, aber sicher verloren. Irgendwann hat es mir gereicht und wir haben uns getrennt. Für ihn kam das unverhofft und war ein

---

* Alle Namen in Fallbeispielen wurden redaktionell geändert.

Schlag ins Gesicht, aber für mich war die Trennung eine Befreiung. Mein Mann war den ganzen Tag zu Hause, aber er hat es einfach nicht geschafft, sich um den Haushalt zu kümmern.

Das häufigste Problem langjähriger Beziehungen ist dieses langsame Verschwinden der Lust angesichts der zahlreichen deprimierenden Kleinigkeiten, die ein gemeinsamer Haushalt und Routinen mit sich bringen. Leider gibt es kein Pauschalrezept dafür, wie man diesem Verlust entgeht. Die Lösungen sind so individuell wie die Fäden, die Menschen zusammenhalten.

Mittlerweile glaube ich, dass bei den wenigsten Paaren die Liebe über Jahre hinweg trotz des Alltags auf hohem Niveau erhalten bleibt. Vielleicht reden sie nicht darüber wie wir, vielleicht geben sie sich instinktiv manchmal mehr Mühe oder erzeugen Bedrohlichkeiten, die ihrer Beziehung ein wenig mehr Würze verleihen. Doch Paartherapeuten wissen, dass es Stellschrauben gibt, an denen man drehen kann, um Partnern wieder zu einem respekt- und liebevolleren Umgang zu verhelfen. Das kann man Arbeit oder Raffinesse nennen.

♥ Beziehungstipps

- Abnehmende Lust hat viele Gesichter: Vielleicht lässt dein Partner dich selten ausreden oder rollt bei Bemerkungen mit den Augen, vielleicht berührt ihr euch wenig, habt kaum Sex oder ihr geht euch bewusst oder unbewusst aus dem Weg. Vielleicht könnt ihr euren Partner nicht mehr riechen oder seid schon genervt, wenn er nur den Mund aufmacht.
- Wenn ihr spürt, dass euch die Lust aufeinander abhandenkommt, nehmt euch die Zeit, euch zu fragen, was euch fehlt und was ihr euch wünscht. Lasst das euren Partner dann auch wissen.
- Auch nach vielen gemeinsamen Jahren solltet ihr noch bereit sein, dem anderen die Chance auf Veränderung zu geben und euch wieder mit Wertschätzung zu begegnen.

Die Kleinfamilie – ein längst überholtes Modell?

Immer mehr Kinder in Deutschland (2017 etwa 17 Prozent) wachsen bei nur einem Elternteil auf. Vor zwanzig Jahren waren es noch 12 Prozent. Daran ändert auch die in Deutschland zwar umstrittene, aber immer noch geltende steuerliche Bevorteilung des Versorgermodells durch das Ehegattensplitting nichts. Die meisten Trennungskinder haben Eltern, die sich einmal liebten und dann an den Herausforderungen des gemeinsamen Lebens scheiterten.

Die steigende Zahl von Alleinerziehenden zeigt, dass sich Menschen nicht durch staatliche Anreize dazu bringen lassen, zusammenzubleiben. Auch die hohen Kosten einer Scheidung und die höheren Lebenshaltungskosten, die eine doppelte Haushaltsführung bedeuten, ändert anscheinend nichts daran, dass Paare sich trotz gemeinsamer Kinder trennen. Derzeit wird etwa jede dritte Ehe geschieden. Wir leben in einer Zeit, in der sich die Menschen nicht mehr von Gott oder ihrer Familie sagen lassen, mit wem sie zusammenleben sollen. Individualität und Unabhängigkeit sind heute hohe Werte.

Trennungen sind belastend

Diese Freiheit ist einerseits ein großer Vorteil gegenüber Zeiten, in denen es aufgrund gesellschaftlicher Zwänge kaum möglich war, sich zu trennen, und Partner stattdessen in gewalttätigen oder erniedrigenden Ehen verharrten. Auf der anderen Seite stehen die hohen Kosten von Trennungen. Nicht nur, dass es in vielen Fällen wirtschaftlich deutlich von Nachteil ist, aus einem Haushalt zwei zu machen. In einer erschreckend hohen Zahl der Fälle sind Trennungen auch von hässlichen und teilweise kostspieligen Streitereien, verletzten Gefühlen und Gehässigkeiten begleitet, die natürlich nicht nur die Eltern belasten, sondern auch die Kinder.

Der Klassiker ist, dass Kinder infolge einer Trennung unter Loyalitätskonflikten leiden. Sie wollen es Mama und Papa recht machen und geraten an ihre Grenzen. Wenn sie um den Streit ihrer Eltern wissen, fühlen sie sich vielleicht unwohl in der Kleidung, die der andere Elternteil gekauft hat, oder trauen sich nicht, von positiven oder negativen Erlebnissen beim anderen zu erzählen.

Doch nicht nur der Streit (um Sorge, Unterhalt, verletzte Gefühle), der sich gewöhnlich an Trennungen anschließt, belastet Kinder, sondern auch die Wechsel zwischen den getrennten Elternhäusern. Denn nicht nur Personen geben Kindern Sicherheit und Halt, sondern auch das Wohnumfeld.

Angenehme Trennungen sind Ausnahmen

Eltern, die ich flüchtig kenne und die es den Kindern leicht machen, d. h. so wenig wie möglich ändern wollten, haben ihre Familienwohnung behalten und eine kleinere Wohnung dazu gemietet. Sie wechseln sich mit der Betreuung der Kinder in den Wohnungen ab, was den Kindern ein großes Maß an Stabilität gibt. So ein Arrangement verlangt jedoch viel Kooperationsbereitschaft von den Eltern und ist bei konfliktreicheren Konstellationen sicher eher ungeeignet.

Wie dieser Fall zeigt, ist es durchaus möglich, eine Trennung für die Beteiligten schonend und liebevoll über die Bühne zu bringen. Dazu gehört jedoch ein großes Maß an Disziplin und Vernunft. Leider sind Menschen aber nicht nur rationale Wesen, die sich bei ihrem Handeln in erster Linie am Wohl des Kindes orientieren, sondern sie sind besonders in Trennungssituationen recht emotional.

Ich kenne wenige Eltern, die es geschafft haben, sich gütlich und einvernehmlich zu trennen, und zahlreiche Eltern, die ich gern ordentlich durchschütteln möchte, damit sie aufhören, den Ex-Partner vor dem Kind schlechtzumachen. Das betrifft Väter genauso wie Mütter. Und es zieht sich durch alle Schichten. Der Grund dafür ist die oft vernachlässigte emotionale Seite von Trennungen. Eine Scheidung oder Trennung ist fast immer ein erschütterndes Ereignis, das sich oft über viele Jahre hinzieht und von zahlreichen Verunsicherungen, Schuldgefühlen, Verletzungen und Momenten tiefer Trauer begleitet wird.

Bleiben kann eine gute Idee sein

Zwar liegt es mir fern, Werbung für die heterosexuelle Kleinfamilie zu machen. Kinder können auch bei einem Elternteil, bei gleichgeschlechtlichen Paaren oder in Patchworkfamilien behütet und glücklich aufwachsen. Aber nach meinem Gefühl und meiner Erfahrung tut es Kindern wie Eltern gut, wenn es mehr als eine nahe Bezugsperson gibt. Denn eigentlich ist einer zu wenig. Außerdem bin ich fest davon überzeugt, dass viele Beziehungen sich retten ließen, wenn beide Partner bereit wären, an sich und ihrem Umgang zu arbeiten und sich gemeinsam weiterzuentwickeln. Dazu gehören innere Stärke, die Fähigkeit zu verzeihen und gegenseitiges Vertrauen.

Eine Paartherapeutin von Bekannten beginnt ihre Sitzungen immer mit der Frage nach gemeinsamen Kindern. Wenn die Frage mit »Ja« beantwortet wird, schließt sie mit dem Paar per Handschlag einen Vertrag, in dem sie vereinbaren, dass sie sich ein Jahr lang nicht trennen und in dieser Zeit an sich arbeiten. Was sich hinter diesem »Vertrag« verbirgt, ist jahrelange Erfahrung damit, was es im Einzelnen und besonders für Kinder bedeutet, wenn Partner sich trennen. Sie weiß, dass Menschen ihre Krisen überwinden können, wenn sie wollen und bereit sind, etwas dafür zu tun.

Nahezu alle Alleinerziehenden, die ich kennenlernte, haben in der einen oder anderen Form unter der enormen Belastung, der ständigen Geldnot und der zerbrochenen Beziehung gelitten. Denn jede Aktivität ohne Kind muss organisiert werden. Wenn das Kind zum Beispiel Fieber hat und noch klein ist, können Alleinerziehende nicht einkaufen gehen. Sie sitzen beim Kind und ernähren sich von Resten, bis der Lieferdienst kommt oder sie wieder das Haus verlassen können. Und wenn sie erschöpft, selbst krank oder genervt sind, gibt es niemanden, der sie ablösen kann, der das Kind genauso gut kennt wie sie selbst, der als Korrektiv dient oder der sie in den Arm nimmt und sagt: »Du machst das alles ganz wunderbar.«

Wenn man nicht gerade Spitzenverdiener mit flexiblen Arbeitszeiten ist und über ein verlässliches Netzwerk von betreuungswilligen Helfern verfügt, ist das Dasein als alleinerziehender Elternteil eine permanente Herausforderung.

 Beziehungstipps

Trennungskinder leiden häufig unter Loyalitätskonflikten und unter Streitereien zwischen den Eltern.

- Wenn ihr über eine Trennung nachdenkt, macht euch bewusst, dass Kinder immer die Verlierer sind.
- Versucht euch möglichst genau die Konsequenzen einer Trennung für alle Beteiligten vorzustellen.
- Wenn keine Gewalt im Spiel ist, ist eine gute Therapie oft einer langwierigen und verletzenden Scheidung vorzuziehen. Dabei lernt ihr, euch besser in den anderen hineinzuversetzen, zu verzeihen und auf euren Stärken als Paar aufzubauen.
- Verlange nicht von deinem Partner, dass er gleichzeitig dein bester Freund, bombastischer Liebhaber, Großverdiener und Meister der Einfühlsamkeit ist. Realistische Erwartungen sorgen für weit weniger Enttäuschungen.

Gründe für Trennungen

Jährlich werden in Deutschland 160 000 Ehen geschieden, das ist mehr als jede dritte. Davon waren 2015 in 135 000 Fällen minderjährige Kinder betroffen. Über die Trennungen unverheirateter Eltern gibt es keine verlässlichen Zahlen. In einer amerikanischen Studie wurden 69 Prozent der Scheidungen von Frauen eingereicht. Ähnlich verhält es sich in Deutschland.

Aber warum werden so viele Ehen geschieden und warum sind es so oft gemeinsame Kinder, die dabei eine entscheidende Rolle spielen? Ist es tatsächlich die Belastung, die im Vorfeld unterschätzt wird? Und warum schaffen manche Eltern es einigermaßen glimpflich durch diese turbulente Zeit mit kleinen Kindern, während andere scheitern?

Zunächst einmal werden Ehen geschieden, weil die Umstände es zulassen und die Werte unserer Gesellschaft es begünstigen. Sie werden aus denselben Gründen geschieden, aus denen in Deutschland so wenig Kinder geboren werden. Kinder sind kein Garant für Glück. Ganz im Gegenteil. Und genau wie ein Partner machen sie das Leben manchmal schwerer und anstrengender. Kinder laufen dem individuellen Glück und der Freiheit, wie sie heute an zahlreichen Stellen propagiert werden, entgegen. Sie schränken die Autonomie des Einzelnen ein, erfordern Kompromisse und bringen Konflikte mit sich. Darüber hinaus gefährden sie den Wohlstand, erzeugen enorme Kosten und verringern die Flexibilität.

Wenn ich ganz ehrlich bin, wundert es mich überhaupt nicht, dass Partnerschaften mit kleinen Kindern unglücklicher werden und in die Brüche gehen. Die Baby- und Kleinkindzeit stellt wohl jede Beziehung vor eine enorme Belastungsprobe. Die Zeit nach der Geburt des ersten Kindes stellt das Leben des Paares nachhaltig auf den Kopf, denn die jungen Eltern haben kaum noch Zeit füreinander. In den meisten Fällen ändert sich für die Mutter so gut wie alles, für den Vater nicht ganz so viel. Doch die Beziehungszufriedenheit sinkt bei beiden.

Das größte Problem ist die erlebte Ungerechtigkeit, die oft durch die Einschränkungen nach der Geburt des ersten Kindes entsteht. Ein weiterer oft genannter Grund für Trennungen ist ein als zu gering empfundenes Familieneinkommen. Beide Hauptgründe thematisieren die Verteilung von unbezahlter Familien- und bezahlter Erwerbsarbeit. Denn das mangelnde Familieneinkommen hängt direkt mit der eingeschränkten Arbeitskraft mindestens eines Elternteils zusammen.

Fast immer geht es bei Trennungen also um die Unzufriedenheit und die Belastung auf Seiten der Frauen, die sich natürlich auch sexuell ausdrückt. Befragungen zeigen regelmäßig den alarmierenden Zustand junger Mütter. Sie sind überlastet und kranken an ihrem Perfektionismus. All dieser Stress und die Überlastung führen dazu, dass die Partner sich weniger nah sind, weniger Sex haben und weniger miteinander reden (abgesehen von praktischen Absprachen).

Schuld sind neben schlechten Rahmenbedingungen und mangelnden Vorbildern die eigenen Ansprüche. Viele Frauen sehen sich in der Pflicht, liebevolle, entspannte Mütter und attraktive Ehefrauen zu sein, die ganz nebenbei eine Karriere stemmen.

Der Perfektionismus der Mütter

Ich finde mich in solchen Beschreibungen zu hundert Prozent wieder. Obwohl ich anfangs dachte, ich würde die ganze Sache mit den Kindern weit lässiger handhaben als die sogenannten Helikopter, die Öko-Muttis und die Überambitionierten, war ich am Ende genauso wie sie. Ich war überrascht von der Angst, die mich plötzlich befiel. Panisch kontrollierte ich alle paar Minuten, ob mein schlafendes Kind noch atmet (plötzlicher Kindstod), kaufte Bodys, die mehr kosteten als meine Pullover, informierte mich über Schadstoffe, Entwicklungsstand, Impfschäden und all die anderen Themen, mit denen ich von allen Seiten konfrontiert und verängstigt wurde. Ich wollte mit dem Baby alles richtig machen, jedes Bedürfnis richtig erkennen und entsprechend reagieren. Deshalb zweifelte ich jedes Mal, wenn es weinte, an meiner Eignung als Mutter und hatte Angst, zu versagen. Gleichzeitig wollte ich den Haushalt gerecht aufteilen und trotz Mutterschaft attraktiv sein. Ich fühlte mich zunehmend für alles, was das Kind, den Haushalt und die Beziehung betraf, verantwortlich.

Das Leben junger Väter ist von diesem Perfektionismus gewöhnlich weniger betroffen. Sie sind jedoch häufiger berufstätig als Männer ohne Kinder. Umfragen zeigen zudem, dass sie sich stärker als Versorger empfinden und unter dem Druck, der damit einhergeht, leiden. Auch beklagen sie sich öfter, ihre Kinder zu wenig zu sehen. Wenn darüber hinaus die Frau immer unzufriedener, vorwurfsvoller und weniger zärtlich wird, ist das natürlich frustrierend.

Der Standardfall ist der, dass die Mutter angesichts des Drucks und der Aufgaben, die auf ihr lasten, am Ende ihrer Kräfte ist und sich mehr Unterstützung wünscht, der Vater hingegen fühlt sich sexuell

vernachlässigst und leidet unter dem Versorgungsdruck. Bei näherer Betrachtung und etwas vereinfacht handelt es sich also um ein simples Verteilungsproblem: Die junge Mutter macht zu viel, der Partner bekommt zu wenig. Bemühten sich die Partner möglichst früh um eine wunschgemäße Verteilung von Arbeit, Fürsorge und Haushalt, könnten sie viel zufriedener sein. Klingt einfach, ist es aber am Ende doch nicht. Denn solchen simplen Lösungen stehen oft hartnäckige Rollenbilder, kommunikatives Unvermögen und eine nicht besonders hilfreiche Familienpolitik entgegen.

 Beziehungstipps

Häufig ist der Hauptgrund für Trennungen die erlebte Ungerechtigkeit zwischen Partnern bzw. die Konflikte, die sich aus einer Aufgabenverteilung zulasten der Mutter ergeben.

- Verhandelt und besprecht deshalb möglichst vor der Geburt, wie ihr Aufgaben und Arbeit mit Kind untereinander aufteilen wollt.
- Macht euch nicht verrückt, verlangt euch nicht zu viel ab, versucht eure Grenzen zu erkennen und zu verteidigen.
- Vergesst nie: Wir alle machen Fehler, besonders bei so komplexen und anspruchsvollen Projekten wie der Begleitung und Versorgung von Kindern.
- Es gibt kaum ein anderes Feld, auf dem so viele Menschen der Meinung sind, recht zu haben, und gleichzeitig so unterschiedliche Auffassungen vertreten.
- Sucht euch andere Eltern in derselben Lage und tauscht euch möglichst offen über Probleme aus.

3 Traditionelle Rollenbilder

Wenn die Belastung für Mütter so enorm hoch ist, sieht die Lösung manchmal so aus, dass der Partner ähnlich große Felsbrocken schultert wie man selbst, um die Gerechtigkeit wiederherzustellen, wie bei Emily:

Emily, 40

Die Familie ist auch nicht die Lösung

Ich habe meinen Mann während des gemeinsamen Studiums kennen- und lieben gelernt. Nach der Hochzeit haben wir im Abstand von jeweils unter zwei Jahren vier Kinder bekommen, um die ich mich im Wesentlichen allein kümmerte. Mein Mann hatte einen Job, der viele Dienstreisen nötig machte. Etwa ein Drittel des Jahres war er unterwegs. Meine Verwandtschaft lebt in Kanada, die meines Mannes mehrere hundert Kilometer entfernt – wir konnten sie also beide nicht in die Betreuung der Kinder einbinden. Als mein Mann gerade in Ostasien war, bekamen wir alle fünf einen Magen-Darm-Virus. Das hat mich im wahrsten Sinne des Wortes angekotzt und ich wollte so nicht mehr weitermachen. Mein Mann war sehr verständnisvoll und wir beschlossen, nach Kanada umzusiedeln. Sonst wäre unsere Ehe vermutlich in die Brüche gegangen, weil ich total sauer wurde, wenn ich wusste, dass mein Mann in eleganten Businesslounges sitzt, während ich kein Auge zumache und von allen Seiten angekotzt werde. Ich brauchte einfach mehr Hilfe.

Nachdem wir uns in Kanada ein bisschen eingelebt hatten, stellte ich allerdings schnell fest, dass die Familie nicht nur ein Segen, sondern manchmal auch eine echte Last sein kann. Aber der neue Job meines Mannes ist weit stressiger als der alte und das finde ich nur gerecht. Seitdem geht es mir viel besser.

So ähnlich sieht auch unsere Lösung aus. Ich sorgte – bedingt durch die Schwangerschaften, die Geburten und das Stillen – in den ersten Jahren zu großen Teilen für die Kinder und den Haushalt, während mein Mann durch die Gründung eines kleinen Start-ups und die damit verbundenen Schwierigkeiten einer ungewöhnlich hohen Arbeitsbelastung standhalten musste. Mit dieser Gerechtigkeit – viel Stress für beide Partner – haben wir uns für die ersten Jahre mit Kindern eingerichtet. Dann begann ich mit einer Weiterbildung zur Lehrerin und wir haben an unserem Modell gedreht, sodass mein Mann nun sehr viel stärker in die täglichen Abläufe eingebunden ist als in den ersten Jahren. Das ist nicht die Bilderbuchlösung, aber ich kenne zahlreiche Familien, die es ähnlich handhaben. Viele Mütter hatten durch das Stillen eine engere Bindung an die Babys und wollten sie in den ersten ein, zwei Jahren nur ungern abgeben.

Attachment Parenting

Diese Aufgabenteilung ist auch ein Ergebnis unseres Erziehungsstils, der stark an den Bedürfnissen der Kinder und einer starken Bindung an mich orientiert war. Das bedeutete eine große Nähe und wenig Flexibilität bei den Betreuungspersonen.

Die Bindung zwischen unseren Kindern und meinem Mann war lockerer. Sie spielten sehr gern mit ihm, wenn sie gut drauf und ausgeschlafen waren. Aber sobald etwas war, wollten sie zu mir. In den Abendstunden war ich unabkömmlich. Und es gab für mich keine vertretbare Alternative, als ihren Bedürfnissen nachzukommen. Es wäre mir im Traum nicht eingefallen, sie allein weinen zu lassen. Auch wenn es anstrengend war. Erst später erfuhr ich, dass man meinen Erziehungsstil, der mehr einer inneren Notwendigkeit als einem Prinzip folgte, bedürfnisorientiert nennt (engl. »attachment parenting«). Im Grunde bedeutet das, dass die Bedürfnisse des Kindes oder Babys ernst genommen und befriedigt werden. Dieser frühkindliche Erziehungsstil ist inzwischen recht weit verbreitet.

Das bedeutete aber eben auch, dass ich – wie zahlreiche andere Mütter – kaum Auszeiten hatte. Wie ich damals haben viele Mütter das Gefühl, nicht krank werden bzw. sich entsprechend verhalten zu dürfen. Die einzigen Phasen der Entspannung sind jene, in denen das Baby oder Kind schläft. Im Babyalter lagen meine Kinder beim Schlafen oft auf mir und ich bewegte mich zwei bis drei Stunden nicht.

Der enge Bezug zwischen dem Baby und seiner Mutter kommt in den ersten Wochen oft ganz natürlich zustande, bedeutet dann aber für das erste Lebensjahr und in etwas lockerer Form weit darüber hinaus, dass das Kind mit Angst und Stress reagiert, wenn die Mutter nicht da ist.

Ich habe das zu spüren bekommen, als mein erstes Kind etwa vier Monate alt war und ich Besuch von einer Freundin hatte. Am Abend wollten wir ausgehen. Ein alkoholfreies Bier für mich, ein Glas Wein für sie. Ich hatte Milch abgepumpt und verließ die Wohnung in dem naiven Glauben, meinem Kind mit seinem Vater und der Milch alles dagelassen zu haben, was es braucht. Zwanzig Minuten später klingelte mein Telefon. Am anderen Ende brüllte es fürchterlich, also musste ich gar nicht fragen, was los sei. Ich hörte nur: »Nicht zu beruhigen«, und rannte nach Hause. Mein Kind beruhigte sich in meinen Armen.

Auch wenn mein Mann zu dem Zeitpunkt noch nicht die Abendbetreuung übernehmen konnte, so konnte er doch andere Dinge tun, die mir das Leben erleichterten. Bevor er zur Arbeit ging, konnte er mir Frühstück machen, er konnte mir etwas zu trinken bringen, wenn das Baby mal wieder auf mir schlief, und er konnte einkaufen gehen und sich um den Haushalt kümmern.

Die Bedürfnisse von Babys

Was die Bindungsforschung schon lange weiß, musste ich auf diesem Weg erfahren: Mein Kind verstand hinsichtlich seiner Bezugsperson keinen Spaß. Und das setzte sich so fort. Ich durfte mich lange nicht entfernen und trug mein Kind weit häufiger, als dass es im Wagen lag. Diese Nähe war in vielen Momenten schön, aber in anderen auch belastend. Ich fühlte mich unfrei und war durch die ständigen Rückversicherungen meines Kindes (auch nachts) oft am Ende meiner Kräfte. Besonders das Gebrüll in der ersten Zeit setzte mir so zu, dass ich diese Monate auch jetzt noch mit Abstand als die schwierigste Zeit meines Lebens empfinde. In dieser Zeit bekam ich eine Ahnung davon, wie es wegen eines Schreibabys zu Gewalt kommen kann. Wer es nicht erlebt hat, über Wochen regelmäßig und für Stunden am Stück angeschrien zu werden und dabei chronisch übermüdet zu sein, hat keine Vorstellung davon, auf welch dünnem Eis man sich dabei bewegen kann.

Seit ich diese Zusammenhänge frühkindlicher Prägung besser erkenne, bin ich sehr wachsam meinen eigenen Kindern gegenüber. Ich finde es wichtig, dass sie selbstbewusst sind, sich Dinge trauen und ihre Bedürfnisse erkennen und äußern können. Das brauchte bei beiden sehr schüchternen Kindern Hilfestellungen in Form von viel Lob und Ermutigung. Mittlerweile sehe ich mein schüchternes kindliches Ich in ihnen immer mehr schwinden. Sie sind, wenn auch zurückhaltend, weit weniger ängstlich als ich in ihrem Alter. Und das hat ganz bestimmt auch damit zu tun, dass sie sicher gebunden sind.

Bindung zulasten der Mütter

Das Attachment Parenting ist inzwischen in Deutschland recht weit verbreitet und soll eine stabile Bindung sichern, hat allerding den bereits erwähnten Nachteil, dass es in vielen Fällen für mindestens eine Person ziemlich aufwendig und belastend sein kann. Besonders wenn das Kind viel Nähe einfordert, kann es passieren, dass ein Elternteil in den Gefühlslagen des Kindes zu verschwinden droht.

Kinder stellen ihre Eltern gewöhnlich vor ungeahnte Herausforderungen. Manche fahren Babys, die sich weigern, einzuschlafen, nachts mit dem Auto durch die Gegend, andere tanzen, die Nationalhymne singend, mit dem Baby auf dem Arm durch die Wohnung, wieder andere kochen Acht-Gänge-Menüs, damit ihr wählerisches Kind wenigstens einen Happen isst.

Deshalb ist es für Eltern und besonders für Mütter wichtig, Grenzen zu ziehen und Verantwortung zu teilen, um sich nicht zu sehr in der Versorgung von Kindern zu verlieren. Babys und Kinder haben ziemlich schnell heraus, was sie von ihren jeweiligen Bezugspersonen erwarten können und was nicht. Wenn jemand nicht bereit ist, das Kind, das gerade laufen kann, über weite Strecken zu tragen, wird das Kind sehr schnell aufhören, danach zu fragen.

Und so ist es mit allen anderen Dingen auch. Überlegt euch rechtzeitig, was ihr bereit seid zu leisten. Macht euch dabei bewusst, dass Dinge, die ihr einmal macht, in Zukunft mit hoher Wahrscheinlichkeit wieder eingefordert werden. So machte eine Freundin den Fehler, ihren Kindern beim Abholen aus der Kita einmal ein Legospielzeug mitzubringen. In den nächsten Wochen wurde sie täglich wieder darum angebettelt und -gebrüllt. Oder ich: Seit ich einmal unüberlegt die Brotkruste abgeschnitten habe, werde ich immer wieder dazu aufgefordert.

Bei dem Spagat zwischen eigenen Bedürfnissen und denen der Kinder ist es wichtig, dass ihr euch recht früh bewusst macht, dass die Baby- und Kleinkindzeit für alle eine ziemlich harte Belastungsprobe darstellt. Trotzdem ist es für eine sichere Bindung nicht erforderlich, dass ihr eurem Kind jeden Wunsch sofort erfüllt. Kinder haben auch ein Recht auf Eltern, die ihre eigenen Bedürfnisse zu verteidigen wissen. Denn nur so lernen sie, später ihre eigenen Grenzen zu ziehen. Außerdem unterscheiden sich schon Babys sehr stark in dem was sie brauchen und was nicht. Orientiert euch nicht zu sehr an anderen, sondern beobachtet euer Kind und hört auf euer Gefühl.

♡ **Beziehungstipps**
- Macht euch beim Spagat zwischen eigenen Bedürfnissen und denen der Kinder möglichst früh bewusst, dass die Baby- und Kleinkindzeit für alle eine ziemlich harte Belastungsprobe ist.
- Organisiert in dieser Zeit verlässliche Hilfe von Verwandten, Freunden oder Babysittern.
- Für eine sichere Bindung ist es nicht erforderlich, dass ihr eurem Kind jeden Wunsch sofort erfüllt und euch selbst nie ausruhen könnt.
- Kinder haben auch ein Recht darauf, zu sehen und zu erfahren, dass ihr als Eltern eure Bedürfnisse verteidigt. Denn nur so lernen sie, später ihre eigenen Grenzen zu ziehen.
- Alle Babys brauchen Sicherheit, Zuwendung und Nähe. Aber darin, wie stark sie das einfordern und in welchem Umfang genau sie das brauchen, unterscheiden sie sich sehr stark.
- Orientiert euch deshalb nicht zu sehr an anderen, sondern schaut auf euer Kind und auf euch selbst.

Wer macht wie viel im Haushalt?

Einer weltweiten Studie zufolge erledigen Frauen überall mehr im Haushalt als Männer. In Deutschland verbringt eine Frau durchschnittlich 163,9 Minuten pro Tag mit Hausarbeit, während ein Mann lediglich rund 90 Minuten aufwendet. Und vermutlich kommt der hohe Wert bei den Männern vor allem durch Alleinlebende zustande. Während die Ungleichheit in Ländern wie Indien, Mexiko, Japan und Südafrika noch weit stärker ausgeprägt ist, ist Schweden das Land, in dem die Frauen am wenigsten Zeit für den Haushalt aufwenden, nämlich 94,8 Minuten. Der schwedische Durchschnittsmann verbringt 79,4 Minuten mit häuslichen Tätigkeiten. Es gibt also sogar beim Gleichberechtigungsspitzenreiter eine deutliche Differenz zwischen den Geschlechtern. Im Zuge der Studie gaben einige Teilnehmer sogar an, Frauen hätten eine natürliche Befähigung zu häuslichen und erzieherischen Tätigkeiten.[1]

Im Gegensatz dazu ist es eine Tatsache, dass Frauen weit häufiger als Männer unbezahlte Arbeit im Haushalt und mit Kindern leisten. Auch werden Berufe, in denen diese Art von Arbeit geleistet wird (Care-Arbeit genannt, z. B. Pflege, Pädagogik, Reinigung), hauptsächlich von Frauen ausgeübt und relativ schlecht bezahlt.

Die häusliche Aufgabenverteilung ändert sich auch dann nur geringfügig, wenn Frauen zusätzlich erwerbstätig sind. Diese Schieflage ist ein Grund dafür, dass Frauen nach der Geburt des ersten Kindes, also ab dem Zeitpunkt, wenn die häuslichen Arbeiten und der Betreuungsumfang explosionsartig zunehmen, deutlich weniger bezahlt arbeiten als Männer. Denn wer neben der Kinderbetreuung noch täglich drei Stunden mit Waschen, Putzen, Kochen und Einkaufen vor und nach der Arbeit verbringt, der stellt schnell fest, dass der Tag zu wenig Stunden hat oder er bzw. sie selbst zu dünne Nerven.

Glaubt man aktuellen Umfragen zu dem Thema, wünschen sich Männer wie Frauen eine gerechtere Aufteilung sowohl der Erwerbsarbeit als auch der unbezahlten Sorge-, Erziehungs- und Haushaltsarbeit. An dieser Stelle ist es jedoch wichtig, zwischen Absichtsbekundungen und realem Verhalten zu unterscheiden. Es gibt durchaus unter jedem Dach die Möglichkeit, den Haushalt gerechter aufzuteilen. Und es gibt mittlerweile auch einige Frauen, die besser als ihre männlichen Partner verdienen oder zumindest ähnlich gut. Laut Statistiken ist jedoch auch in diesen Haushalten die Frau diejenige, die den Großteil der Hausarbeit erledigt.

Grund für diese Rollenaufteilung ist sicherlich auch eine lange Tradition. Die meisten von uns haben schon ihre Mütter und Großmütter am Herd stehen und Staub saugen gesehen. Die Mütter waren es, die für Kinder und Haushalt zuständig waren und sind es in vielen Serien, Filmen und Büchern noch immer. Wir haben gesehen, wie sich der Vater an den Tisch setzte und nicht aufstand, wenn etwas fehlte. Und sonst haben wir ihn selten zu Gesicht bekommen, denn er arbeitete. Unsere Mütter waren da, wenn wir krank waren, sie badeten uns und lasen uns Geschichten vor. Vermutlich ist es ziemlich egal, was wir unseren Kindern über die Gleichheit zwischen den Geschlechtern erzählen. Das, was sie wirklich beeinflusst und ihr Rollenbild prägt, ist das, was sie täglich erleben.

Mehr Männer helfen mehr mit

Eine gute Nachricht ist, dass sich weltweit der Anteil der Arbeit von Männern im Haushalt und bei der Kinderbetreuung erhöht hat. Männer machen heute mehr als noch vor 50 Jahren.

Kinder machen jedoch einen großen Unterschied: Während bei Kinderlosen die Frauen etwa doppelt so viel unbezahlte Hausarbeit leisten wie ihre männlichen Partner, ist ihr Anteil bei Paaren mit Kindern dreimal höher. Insgesamt werden die Zeitfenster für Hausarbeit jedoch kleiner und der Anteil der Männer erhöht sich langsam, aber stetig. Ähnlich sind die Zahlen für die Kinderbetreuung: Mütter verbringen deutlich mehr Zeit mit ihren Kindern als Väter. Diese Verteilung spiegelt sich auch im Umfang der Erwerbstätigkeit wider. Väter sind umfangreicher erwerbstätig als Mütter.

In meinem Bekanntenkreis gibt es mehrere Familien, in denen es selbstverständlich ist, dass beide Eltern Haushalt, Kinder und Arbeitsumfang tendenziell gerecht teilen. Natürlich berücksichtigen sie Vorlieben, zum Beispiel ist der Mann ein Gourmet, kauft selbst ein und kocht für die Frau, der es nicht sauber genug ist, wenn er putzt. Dafür macht er die Wäsche, weil er der Meinung ist, sie trenne nicht richtig. Beide halten diese Form der Aufteilung für selbstverständlich und geben an, sich kaum zu streiten. Eine Erleichterung sind zudem technische Hilfsmittel wie Waschmaschinen, Geschirrspüler, Saugroboter und neuere Serviceleistungen wie die von Lieferdiensten.

Im Wesentlichen hängt die Verteilung von Hausarbeit wesentlich von drei Faktoren ab:

- von der Berufstätigkeit der Frau,
- von ihrem Beitrag zum Haushaltseinkommen,
- von der persönlichen Einstellung der Partner.

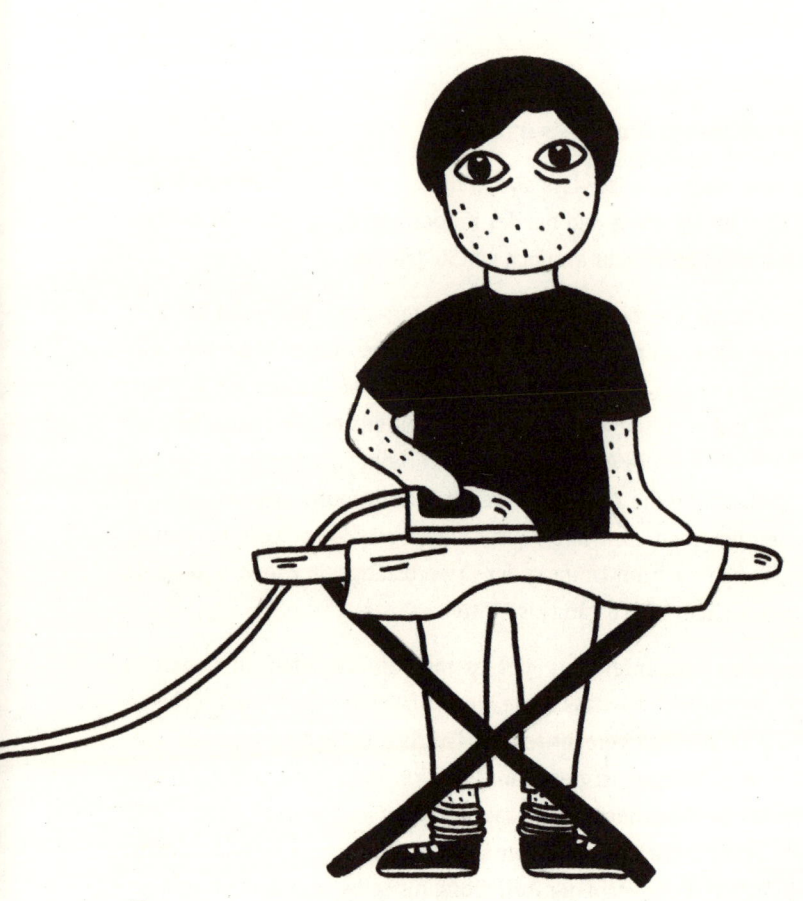

Mit der Berufstätigkeit der Frau wächst auch die Bereitschaft des Partners, sich an Aufgaben im Haushalt oder bei der Kindererziehung zu beteiligen. Dabei ist auch das Einkommen entscheidend. Mit steigendem Einkommen nimmt auch die statistische Beteiligung des Partners an häuslichen Tätigkeiten zu. Die Einstellungen sind aber besonders entscheidend. Wer an Gleichheit orientierte Rollenbilder hat, teilt auch tendenziell die anfallenden Aufgaben.

Kinder scheinen jedoch immer noch der wichtigste Faktor zurück zur traditionellen Rollenverteilung zu sein. Mit dem ersten Kind erfolgt eine deutliche Umverteilung der Aufgaben: Die Mutter übernimmt den Mammutteil der Hausarbeiten und der Kinderbetreuung. Gleichzeitig gibt es weit mehr zu tun als ohne Kind: Kinder essen häufiger und regelmäßiger als Erwachsene. Dadurch ist viel einzukaufen, zu planen und zuzubereiten. Kinder produzieren gerade in den ersten Jahren weit mehr Wäsche als Erwachsene. Säuglinge spucken permanent und schaffen es erstaunlich oft, an der Windel vorbei oder über sie hinaus zu kacken. Nach fast jeder Mahlzeit muss der Tisch abgewischt und unter dem Tisch gekehrt oder gesaugt werden. Hinzu kommt das Aufräumen, das gefühlt immer so nötig wie vergeblich ist.

Und wie ist es bei uns zu Hause?

Nun zum unbequemen Bekenntnisteil: Ich erledige den Mammutteil dieser Aufgaben. Obwohl wir beide eigentlich für Gleichberechtigung sind, bin ich meist diejenige, die sich für den Haushalt, die Essenszubereitung, die Hygiene der Kinder und ihre Ausstattung mit passender, wetterechter Kleidung verantwortlich fühlt. Wenn mein Mann die Kinder morgens fertig macht, erinnere ich ihn daran, dass sie noch die Zähne putzen müssen. Lange wollte er von mir wissen, was die Kinder anziehen sollen. Dabei ist er sehr klug, geht einem anspruchsvollen Beruf nach und trägt dort viel Verantwortung.

Durch seine hohe Arbeitsbelastung hat sich vom Zeitpunkt der Geburt unseres ersten Kindes die typische Rollenverteilung eingeschlichen. Es war weniger ein Entschluss, der demokratisch am Tisch und unter der

Beachtung aller wichtigen Argumente gefällt wurde, sondern es passierte einfach so.

Es gab Zeiten, in denen ich den Haushalt mit Flüchen auf den Lippen und aufstampfend erledigte. Ich hasste es, für all das verantwortlich zu sein, fühlte mich eingeklemmt zwischen meinen Pflichten und wünschte mir, mein Mann möge mein Stampfen und Schnaufen bemerken und mir helfen. Allerdings schaffte ich es lange nicht, dieses Bedürfnis wie ein erwachsener Mensch verbal und sachlich zu äußern. Ich musste lernen, Absprachen zu treffen und mich an sie zu halten.

Mein Mann versicherte mir über die Jahre mehrmals, dass er gern bereit sei, Aufgaben zu übernehmen, dass er jedoch klare Anweisungen brauche, weil er selbst so viel um die Ohren habe, dass er nicht alles im Blick behalten könne. Als er dann nach ein paar ganz freundlichen Wortwechseln Dinge erledigte, fiel es mir deutlich leichter, Bitten zu äußern.

Natürlich hat die Übung mit der Zeit dazu geführt, dass er es sich mittlerweile zutraut, selbst passende Anziehsachen für die Kinder aus dem Schrank zu suchen, den Tisch zu decken, Brote zu schmieren und all die anderen kleinen Handgriffe rund um die Kinder zu erledigen. Es ist immer noch so, dass ich, entsprechend der Verteilung unserer Erwerbsarbeit, weit mehr bei der Kinderbetreuung und im Haushalt leiste, aber durch das Aufweichen der Zuständigkeiten und das Abgeben von Verantwortung fühlt es sich nicht mehr ungerecht für mich an. Wir haben uns gemeinsam dafür entschieden, diese Aufgaben so zu verteilen, und diese Verteilung ist verhandelbar.

Beziehungstipps
- Wenn ihr mit der Verteilung der Hausarbeit unzufrieden seid, verhandelt möglichst konkret mit eurem Partner darüber.
- Versucht, eure Einstellungen mit eurer Praxis einigermaßen in Einklang zu bringen, und achtet auf individuelle Vorlieben (zum Beispiel: Wer kocht, wer putzt lieber, wer kommt am Supermarkt vorbei?).
- Berücksichtigt beim Verteilen von Aufgaben die Arbeitsbelastung des anderen und die Belastbarkeit.
- Bei der Herstellung von Gerechtigkeit ist Großzügigkeit ein besserer Berater als das Millimetermaß.

Verantwortung teilen ist schwer

Die Bildergeschichte mit dem Titel »Fallait demander« (»Du hättest mich fragen sollen«) der Französin Emma stellt dieses Problem so eindrücklich dar, dass es in den sozialen Netzwerken zahlreich geteilt wurde. In dieser Bilderserie geht es darum, dass Frauen und Mütter gewöhnlich als die für häusliche Aufgaben Verantwortlichen angesehen werden. Wenn nämlich der Mann sagt: »Du hättest einfach etwas sagen/fragen sollen«, schiebt er damit die Verantwortung für alles Häusliche der Frau zu. Er ist lediglich Befehlsempfänger. Die Frau hingegen ist Manager, Entscheider, Befehlsgeber.

Oft haben Frauen genau damit ein Problem. Sie wollen nicht das Kommando haben und Befehle geben. Als ich zum Beispiel mit meinem Mann ausmachte, dass er in Zukunft für das Putzen des Badezimmers zuständig sei, zeigte sich nach kurzer Zeit, dass seine Schmutztoleranz weit höher ist als meine. Als wir uns dann darauf einigten, dass das Putzen einmal in der Woche erledigt wird, unabhängig davon, ob er Dreck erkennt oder nicht, schob er die Erledigung so weit hinaus, dass der nächste Schritt das Einführen von Sanktionen gewesen wäre. Am Ende machte ich es selbst. Ich tat es wutschnaubend, voller innerer Vorwürfe und durchaus in dem Bewusstsein, einen pädagogischen

Fehler zu begehen, der mir bei den Kindern nicht unterlaufen würde. Und das liegt daran, dass ich meinen Mann nicht erziehen will. Ich bin nicht seine Mutter und ich möchte nicht die Rolle der Befehlsinhaberin ihm gegenüber einnehmen. Damit bin ich eine typische Frau und Mutter.

In der Bilderreihe geht es um genau diese Mechanismen: Selbst wenn der Mann viele Aufgaben übernimmt, ist die Frau diejenige, die seine Tätigkeiten organisiert und verantwortet. Dieses Management erzeugt einen permanenten Druck und geistige Beschäftigung mit häuslichen Dingen.

Wenn der Vater oft genug sagt: »Tut mir leid« oder fragt: »Was soll das Kind denn anziehen?« oder »Was sollen sie essen?«, sinkt allmählich die Bereitschaft der Mutter, den Vater zu bitten. Denn das letzte Mal, als sie ihn bat einzukaufen, hatte er die Milch vergessen, den falschen Käse und statt Gurken Petersilienwurzeln mitgebracht, von denen keiner weiß, was man mit ihnen machen soll. Sie denkt also: Wenn ich ihn einkaufen schicke, muss ich einen Zettel schreiben, auf dem hinter jeder Sache Erläuterungen stehen müssen (Fettgehalt der Milch, aufs Haltbarkeitsdatum achten, genaue Produktbezeichnung des Knäckebrots, bio oder konventionell usw.), dazu am besten eine Skizze vom Grundriss des Supermarkts mit Markierungen für die Dinge, die schwer zu finden sind. Und wenn ich mit diesen Hinweisen fertig bin, sind zwei Stunden um und ich wäre schon längst wieder zurück. Vor ähnlichen Problemen stehen viele Familien.

Warum sind Frauen so oft die Verantwortlichen?

Mütter wissen im Gegensatz zu Vätern oft genau, welche Kleider- und Schuhgröße ihre Kinder momentan tragen, welche Sachen ihnen noch passen und an welchen es demnächst mangelt. Sie wissen, was im Kühl- und Vorratsschrank ist und was noch eingekauft werden muss, um über die nächsten Tage zu kommen. Sie besorgen Geschenke für Geburtstage, zu denen ihr Kind eingeladen ist, und kümmern sich um Kuchen für die Kita. Die Gedanken der Familienverantwortlichen drehen sich permanent um Besorgungen, Termine, Erledigungen und Organisation. Jeden Herbst beginnt die innere Checkliste zu knistern. Die Kleidungsstücke werden auf Wintertauglichkeit und passende Größe durchgezählt, die Wechselwäsche in der Kita muss erneuert und eine gefütterte Matschhose besorgt werden. Ach ja, und passen eigentlich die Gummistiefel noch? Nachdem das Kind wintergerecht eingekleidet ist, heißt es: Adventskalender besorgen, basteln, füllen und für das bisschen Geld, das nach der Winterausstattung noch da ist, Geschenke kaufen. Daneben werden Laternen gebastelt, Plätzchen gebacken und Fenster verziert.

Aber warum ist das so? Warum überlassen so viele Väter so bereitwillig die Verantwortung den Müttern? Warum verzichten sie auf ihren Anteil am Kind? Umfragen zufolge wollen sie nämlich gern weit mehr Zeit mit ihren Kindern verbringen. Die Zurückhaltung der Väter hat mehrere Gründe:

- traditionelle Rollenbilder, nach denen der Mann für das Einkommen, die Frau für Haushalt und Kinder zuständig ist,
- härtere Sanktionierung auf dem Arbeitsmarkt für engagierte Väter und mangelnde Vorbilder,
- die Gewöhnung, die sich im ersten intensiven Jahr zwischen Baby und Mutter einstellt,
- schlichtes finanzielles Kalkül: Mehrverdienst oder bessere berufliche Aufstiegschancen des Vaters, auf dessen Gehalt schlechter verzichtet werden kann.

Natürlich gibt es sie, die Väter, die auch gegen Widerstände für sieben Monate in Elternzeit gehen, Stunden reduzieren und sich für alle Dinge rund um Kind und Haushalt mitverantwortlich fühlen, die mitdenken, besorgen, fragen, erledigen. Aber seltsamerweise kenne ich fast nur Mütter, die sich als Verantwortliche in Familienangelegenheiten fühlen. Wenn ich sie in einem günstigen Augenblick nach der Beteiligung ihres Mannes frage, gleicht das einem Griff ins Wespennest und es folgt eine nicht enden wollende Liste der Beschwerden und kurioser Anekdoten. Ihre Männer werden also den eigenen Wünschen und Ansprüchen an ihr Vatersein genauso wenig gerecht wie die Mütter.

Dabei wäre es so leicht, auf die vorhandene Bereitschaft aufzubauen und Väter stärker in die Verantwortung zu ziehen. Dazu brauchen Mütter:

- Vertrauen und eine gewisse Fehlertoleranz,
- die Bereitschaft, sich selbst zurückzunehmen und zu riskieren, nicht ganz so wichtig und unentbehrlich zu sein, wie sie dachten,
- eine klare Absprache bei der Verteilung von Verantwortung und Zuständigkeiten.

Gerechte Aufteilung erfordert Verhandlungen

Wenn du die Arbeit, die mit Kindern anfällt, gerechter aufteilen willst, kannst du es mit Telepathie versuchen. Du kannst versuchen, bei den Dingen, die du ungern und widerwillig tust, laut auszuatmen oder zu stöhnen. Oder du kannst deinem Partner tief in die Augen sehen und hoffen, dass er dir den Wunsch nach gerechterer Verteilung von den Augen abliest. Gelegentlich haben genervte Mütter auch versucht, die Dinge, die sie normalerweise tun, sein zu lassen, um dem Partner die Verantwortung auf diese Weise unauffällig zuzuschieben.

Erfahrungsgemäß sind diese Verfahrensweisen jedoch wenig erfolgreich. Auch wenn es unangenehm und lästig ist: Wer eine gerechtere Aufteilung will, muss verhandeln, planen, reden, streiten, sich beschweren und in der Lage sein, sich in den anderen hineinzuversetzen. Und, was wahrscheinlich am schwersten ist: Du musst es am Ende auch aushalten können, wenn dein Partner es anders macht als du.

Ich finde es nicht leicht, die wenige Zeit, die mein Mann und ich neben Job und Kindern miteinander haben, mit Verhandlungen über all die unschönen Kleinigkeiten wie Müllrausbringen, Saugen, Putzen, Einkaufen, Kochen und Kinderbetreuung zu verbringen.

Es ist weit bequemer und angenehmer, die lästigen Dinge einfach ohne Diskussion zu tun, statt ihnen zu viel Platz einzuräumen, indem man auch noch darüber spricht. In einer perfekten Welt würde das von allein funktionieren. Jeder würde von selbst sehen, was zu tun ist, und ohne Zögern und Verhandeln an die Arbeit gehen, die Wäsche aufhängen, den Geschirrspüler ausräumen, sehen, was fehlt, den Einkauf erledigen und so weiter.

Leider können die meisten Mütter endlose Vorträge darüber halten, dass ihr Mann nichts von dem zu sehen scheint, was sie sehen, dass er den Kindern nie die Nägel schneidet und es ganz selbstverständlich ist, dass sie zuhause bleiben, wenn das Kind krank ist. Neun von zehn Müttern fühlen sich als Managerin der Familie.[2] Dazu gehört, dass sie sich für alles, was rund um die Familie anfällt, verantwortlich fühlen. Neben organisatorischen Aufgaben sind es die Mütter, die die emotionalen oder erzieherischen Aufgaben übernehmen.

»Fast alle Bemühungen, Kinder zur Kooperation zu bewegen, werden von Müttern unternommen, nicht von Vätern. Diese asymmetrische Dynamik kann die Partnerschaft mit einem unterschwelligen Ressentiment belasten, weil die Mutter als Nörglerin der Familie dasteht. Ausgesucht hat sie sich diese Rolle nicht.«[3]

Veränderungen bedeuten Frust

Hast du schon einmal versucht, eine simple Gewohnheit zu ändern, etwa von einem Auto mit Gangschaltung zu einem mit Automatik zu wechseln oder umgekehrt? Die gute Nachricht: es geht. Aber es ist schwer, ausgetretene Pfade zu verlassen und neue anzulegen.

Clara, 34

Der Haushalt passiert nicht von selbst!

Ich verdiene mehr als mein Mann, obwohl wir beide Vollzeit arbeiten. Regelmäßig nehme ich mir vor, bestimmte Aufgaben wie etwa das Wäschewaschen sein zu lassen. So möchte ich meinem Mann deutlich machen, dass sich diese Dinge nicht von selbst erledigen. Ich denke immer: Erst wenn die Wäsche nicht mehr sauber in seinem Schrank gestapelt liegt und die letzte Unterhose weg ist, wird er merken, dass etwas nicht stimmt. Er wird zu mir kommen und fragen: »Wo sind denn all meine Unterhosen?« Bisher habe ich das aber noch nie durchgehalten.

Genauso verhält es sich mit vielen anderen Dingen in unserem Haushalt. Ich lege jeden Abend die Kleidungsstücke heraus, die die Kinder am nächsten Tag zur Kita anziehen sollen. Weil ich vor meinem Mann das Haus verlasse, ist es seine Aufgabe, die Kinder fertig zu machen und wegzubringen. Eigentlich ist es ja albern, die Kleidung bereitzulegen, denn schließlich ist mein Mann genauso in der Lage, aus dem Fenster zu schauen und die Sachen der Witterung entsprechend auszuwählen. Aber ich weiß, dass es eine unangenehme Diskussion nach sich ziehen würde, wenn ich es sein ließe. Außerdem habe ich mal gesehen, wie unsere Tochter aussah, nachdem er ihre Anziehsachen rausgesucht und ihr einen Zopf gemacht hatte!

Genau wie Clara und ihrem Mann geht es vielen Paaren. Jede Veränderung der Aufgabenverteilung geht mit Reibungen, Vorwürfen und lästigen Diskussionen einher, in denen es meist gar nicht so sehr um die Aufgaben selbst geht, sondern um generellen Frust, das Gefühl der Übervorteilung und mangelnder Dankbarkeit. Claras Beschwerden lassen ahnen, dass es sie stört, dass die Dinge, die sie tut, unsichtbar und selbstverständlich sind. Sie bekommt weder Beachtung noch Dankbarkeit dafür und fühlt sich manchmal wie das Aschenputtel der Familie.

Trotz Claras Bildung und ihres Selbstvertrauens scheint es ihr sehr schwerzufallen, Aufgaben an ihren Mann abzugeben. Sie wurde gekränkt und enttäuscht, als sie es versuchte. Und ihm ging es vermutlich genauso, wenn er versuchte zu helfen. Folglich haben sie beide den Rückzug angetreten und die Kooperation auf ein Minimum reduziert, um sich vor weiteren Verletzungen und Enttäuschungen zu schützen.

Claras Vorhaben, Dinge sein zu lassen, die sie sonst immer gemacht hatte, scheiterte bereits mehrmals daran, dass ihr die Geduld für diese Demonstration abhandenkam oder es ihr den Ärger doch nicht wert war. Es verhält sich bei ihr so wie bei mir und dem Badezimmer (S. 37). In ihrem und meinem Verhalten, das offenbar unseren Rollenerwartungen entgegenläuft, zeigt sich, wie konfliktscheu Frauen zu Hause oft sind. Natürlich gibt es auch die Frauen, die kein Problem damit haben, von ihrem Partner Hilfe einzufordern, anzuecken und zu streiten, die sich vielleicht sogar beim Badputzen hinter ihren Mann stellen und ihm durch gezielte Hinweise beibringen, wie es geht.

Beide Partner brauchen Freiheiten

Bei der gerechten Aufteilung von Haus-, Familien- und Erwerbsarbeit geht es meist darum, dass beide Partner erst dann wirklich zufrieden sind, wenn ihnen beiden ausreichend und ähnlich viele Freiheiten zukommen. Wenn kleine Kinder in der Familie leben, müssen allerdings beide mehr oder weniger große Abstriche machen.

Charlotte, 35 und Niklas, 38

Du hast mehr freie Zeit als ich!

Niklas fühlte sich unter der Woche kaum für Haushalt und Kinder verantwortlich. Das ärgerte seine Frau Charlotte und sie rechnet ihm vor: »Ich bin ab 6:30 Uhr mit den Kindern auf den Beinen und kümmere mich bis abends um 9 Uhr um sie, dann schlafen sie. Danach räume ich noch mindestens eine halbe Stunde die Sachen weg, die vom Tag übriggeblieben sind. Selbst wenn ich abziehe, dass die Kinder fünf Stunden in der Kita sind und eine halbe Stunde fernsehen, trage ich 14 Stunden und 30 Minuten die Verantwortung, also viereinhalb Stunden mehr, als du mit der Arbeit im Büro verbringst, inklusive Fahrtzeit.«

Niklas wandte ein: »Aber du sitzt doch auch oft auf Spielplätzen rum.« Charlotte antwortete: »Da tröste ich, schlichte Streit, helfe, versorge sie mit Snacks und bin ständig auf Abruf. Außerdem hast du auch Mittagspause.« »Du könntest sie länger in der Kita lassen«, entgegnete er. »Das stimmt« sagte sie, »aber ich müsste sie fast 10 Stunden in der Kita lassen, um auf deine arbeitsfreie Zeit zu kommen. Und ich habe so meine Zweifel, ob das auf breite Zustimmung stoßen würde.«

Niklas brütete ein paar Tage über dieser Rechnung und dann fing er an, ihr mehr zu helfen. Er fragte nach der Arbeit, ob er etwas aus dem Laden mitbringen solle, und gewöhnte sich an, am Wochenende mit mindestens einem Kind ein paar Stunden allein etwas zu unternehmen. Als Charlotte darum bat, einen Abend in der Woche für sich zu haben, sagte er: »Natürlich.« Seither geht sie jeden Donnerstag, wenn ihr Mann die Kinder zu Bett bringt, aus dem Haus, macht einen Spaziergang oder trifft sich mit einer Freundin. Dafür hat Niklas am Dienstag seinen freien Abend.

Es ist immer schwer, Belastungen zu messen. Aber Lösungen wie diese gibt es in vielen Familien. Diese Freiheiten, die ihr euch gegenseitig gebt oder die ihr euch durch Dritte (Babysitter oder Verwandte) holt, dienen nicht nur der Entspannung, sondern weit stärker der Botschaft: Was du machst ist wichtig und anstrengend, deshalb verdienst du es, dich davon zu erholen.

Verhandeln fällt vielen schwer

Es ist ein weit verbreitetes Phänomen, dass es Frauen schwerer fällt als Männern, zu verhandeln und Regelungen einzufordern. Zahlreiche weibliche Bekannte etwa berichten davon, dass ihr Mann sich regelmäßig aus dem Familienleben herausnimmt und eine Pause einlegt, indem er in einem Zimmer verschwindet und die Tür hinter sich schließt oder verreist, ohne dass es zur Debatte steht, dass ein Kind mitkommt. Mütter tun das kaum oder wenn, dann unter umfangreichen Vorkehrungen und Entschuldigungen. Sie halten sich gewöhnlich für unverzichtbar oder trauen sich einfach nicht. Auch im Berufsleben sind es oft die Frauen, die ungern über Geld sprechen und verhandeln und sich damit auf ein geringeres Gehalt einlassen als ihre männlichen Kollegen.

Die deutsche Publizistin Bascha Mika hat 2011 ein Buch über dieses Phänomen geschrieben. Wie der Titel »Die Feigheit der Frauen« bereits vermuten lässt, sorgte das Buch für einige Erregung. Der Vorwurf lautete, sie schiebe Frauen die Schuld für ein gesellschaftliches Problem in die Schuhe. In ihrem Buch führt sie aus, dass Frauen oft zu feige seien, ihre Interessen durchzusetzen, dass sie zu wenig bereit seien, zu streiten, und zu viel Angst vor Konflikten hätten. Denn auf privater Ebene sei es durchaus möglich und erforderlich, Gleichberechtigung durchzusetzen. Zum Beispiel bei der Entscheidung, wer nach der Entbindung wie lange beim Kind bleibt, wer die Wäsche wäscht, wer kocht und einkauft. All diese Alltäglichkeiten übernehme die Frau häufig aus Feigheit vor dem Konflikt und den Verhandlungen, die es brauche, um Aufgaben zu teilen.

Die aktuelle Rheingold-Studie scheint ihr Recht zu geben. Etwa die Hälfte der Mütter übernimmt Dinge lieber selbst, als sich mit ihrem Partner darüber auseinanderzusetzen. Ein Drittel der befragten Mütter (32 Prozent) empfindet sich gar als alleinerziehend mit Mann und sieht im Partner ein weiteres Kind (33 Prozent). Die hohe Belastung, die durch diese Verantwortung der Mütter entsteht, führt dazu, dass nur vier Prozent der Frauen sich in ihren eigenen vier Wänden erholen können und zur Ruhe kommen.[4] Für fast alle Frauen ist ihr Zuhause also ein Ort, an dem unzählige Aufgaben auf sie warten, die zu erledigen sind.

Achtung: Erschöpfung!

In der Studie zeigt sich, dass Frauen sehr oft Konflikten ausweichen, indem sie selbst anfallende Aufgaben übernehmen. Dieses Verhalten führt langfristig zu einer traditionellen Rollenverteilung, bei der Frauen noch immer diejenigen sind, die ihre Selbständigkeit zugunsten der Familie aufgeben, dadurch einer extremen Belastung standhalten müssen und nicht selten daran erkranken. Etwa 49 000 Frauen nehmen jährlich Kur-Angebote des Müttergenesungswerks in Anspruch. 87 Prozent von ihnen leiden unter schwerer Erschöpfung, Burn-out oder Angstzuständen. Die Zahl derjenigen Frauen, die mit deutlichen Erschöpfungssymptomen in Kur geht, ist in den letzten Jahren um 37 Prozent gestiegen. Die betroffenen Mütter beklagen am häufigsten ständigen Zeitdruck, berufliche Anforderungen und mangelnde Anerkennung.[5]

Wichter als die Frage, ob Frauen selbst schuld daran sind, ist deshalb die Frage, wie sich das ändern lässt. Und hier sind nicht nur Frauen gefragt, sondern auch Männer.

Beziehungstipps
- Indem ihr eurem Partner Freiheiten zugesteht und ermöglicht, zeigt ihr eure Wertschätzung.
- Vergesst beim Verhandeln von Zuständigkeiten nie die Achtung vor den Leistungen des anderen.
- Wenn ihr euch beim Umverteilen von Aufgaben und Einfordern von Hilfe unsicher seid, probiert verschiedene Varianten aus (zum Beispiel schriftlich, scherzhaft, in einem ruhigen Gespräch oder situativ) und findet heraus, womit ihr euch am wohlsten fühlt.
- Konflikte sind kein Weltuntergang, sondern Einladungen zum Finden einer Lösung
- Zieht eure Grenze nicht erst bei totaler Erschöpfung oder Burn-out, sondern deutlich früher.

Prioritäten setzen

Mein Bruder und ich waren als Kinder viel allein, weil unsere Eltern fast immer gearbeitet haben. Wir bekamen kaum Besuch und mussten früh vieles selbst erledigen. Das hatte gute und weniger gute Seiten. Allerdings hat sich für mich das Leben in diesem sauberen Einfamilienhaus immer etwas verloren angefühlt.

Erst als ich Mutter geworden bin – und dann auch nicht gleich –, habe ich gemerkt, dass ich so ein Leben nicht möchte. Mein erstes Kind hat mir ziemlich unmissverständlich gezeigt, dass es viel Nähe und Sicherheit braucht. Als ich meine Tochter mit einem Jahr täglich für wenige Stunden in eine Kita gab, spürte ich, dass das nicht richtig war. Sie weinte fürchterlich beim Abschied und es brach mir jedes Mal das Herz. Ich ging für ein paar Stunden arbeiten, aber ich merkte, dass mich das sehr belastete. Nachts wurde ich mindestens zwei Mal geweckt. Ich hetzte zur Kita, fuhr von dort aus ins Büro und hetzte zurück zu meiner Tochter. Das schlechte Gewissen saß mir immer im Nacken.

In den folgenden Monaten stellte ich fest, dass sich meine Prioritäten verschoben hatten: Ich wollte nah bei meinem Kind sein. Sie für acht oder neun Stunden wegzugeben, wäre für mich nicht infrage gekommen. Selbst wenn ich aus irgendwelchen Gründen alleinerziehend gewesen wäre, hätte ich lieber staatliche Unterstützung erhalten, als dreißig oder vierzig Stunden arbeiten zu gehen. Dieses Bedürfnis, viel Zeit mit den Kindern zu verbringen, verstärkte sich mit dem zweiten noch. Das war etwas, womit ich nicht gerechnet hatte. Ich würde gern sagen, dass es ein durchdachtes Prinzip gewesen sei, gründend auf einer umfassenden Lektüre zu Bindungstheorien. Aber es war in Wahrheit ein Gefühl und die Folge der Tatsache, dass meine Kinder das Bedürfnis nach großer Nähe und viel gemeinsamer Zeit äußerten. Längere Zeit von meinen Kindern getrennt zu sein, widerstrebte mir und ihnen.

Diese Entscheidung konnte ich natürlich nur treffen, weil mein Mann so gut verdiente, dass wir mit einem Einkommen zurechtkamen. Natürlich mussten wir dabei Abstriche machen, aber das war es uns beiden wert. Den meisten Familien steht diese Option nicht zur Verfügung, aber wo es ähnlich ist, entscheiden sich viele Frauen für diesen Weg. Natürlich nicht, ohne sich dafür zu schämen.

Mein Mann und ich einigten uns darauf, dass ich viel Zeit mit den Kindern verbringe und die Zeit, die sie in der Kita oder in der Schule sind, zum Schreiben nutze. Für diese Möglichkeit bin ich sehr dankbar und ich betrachte sie als großen Luxus.

Vorsicht: Rollenfalle!

Für jemanden wie Bascha Mika bin ich damit zumindest zeitweise in die typische Rollenfalle getappt, weil klassische Rollenbilder für Frauen aufgrund ihrer Bequemlichkeit attraktiv sind. Frauen, die sich in eine traditionelle Hausfrauenrolle fügen, brauchen keine Konflikte einzugehen, um ein Leben zu verteidigen, das selbstbestimmt ist.

»Es sind diese Konflikte, die Frauen scheuen. Mut und Risikolust stehen nicht auf dem weiblichen Lehrplan. Ebenso wenig wie Wut und

Aggression. Doch genau diese Eigenschaften und Gefühle brauchen wir, um aufzubegehren und nicht in die Grube zu stolpern.«[6]

Mika spricht in diesem Zusammenhang von freiwilliger Unterwerfung, die Frauen zu Komplizinnen des männlich beherrschten Systems mache. Diese freiwillige Unterwerfung sei ein tückischer Vorgang. Da wir in der westlichen Welt in dem Glauben aufwachsen, uns für alles frei entscheiden zu können, werden auch solche Entscheidungen zu freiwilligen, die wir aus pragmatischen Gründen oder notgedrungen treffen.

Ich denke es ist nicht ganz falsch, Frauen in solchen Situationen eine gewisse Bequemlichkeit, Angst vor Konflikten und damit eine Mitschuld an ihrer überlasteten Lage zu bescheinigen. Spätestens zu dem Zeitpunkt, zu dem Mütter wieder arbeiten gehen, sollten die Rollen und Aufgaben neu verhandelt werden. Doch die Tatsache, dass es leichter ist, die Verantwortung so zu belassen, wie sie ist, statt sie infrage zu stellen, hindert viele Paare daran.

Teamarbeit – auch in der Familie

Es ist sicherlich sinnvoll, bei der Verteilung von Aufgaben von Teamarbeit zu lernen, wie sie die meisten Menschen aus ihrem Erwerbs- oder Ausbildungsleben kennen. In Teams hat jeder ganz bestimmte Aufgaben und meist weiß er, welche Erwartungen an ihn gestellt werden. Die Kommunikation erfolgt möglichst klar und nüchtern. Die Aufgaben sind nach Kompetenz und Neigung, zumindest aber nach Ausbildungshintergrund und Fähigkeiten verteilt. Mittlerweile gibt es bei professioneller Teamarbeit viele regelmäßige Sitzungen, die die Verteilung und die Kontrolle der Arbeit sichern sollen. Solche Treffen dienen zum einen der Klarheit, aber auch der Verhandlung von Aufgaben. Wenn jemand Hilfe braucht oder etwas falsch gelaufen ist, wird darüber konstruktiv gesprochen. Solche Gespräche werden von Teamleitern einberufen und geleitet.

Solch einen Teamleiter gibt es in Familien natürlich nicht. Ein weiterer Unterschied zur Arbeitswelt: Die Beteiligten stehen sich weit emotionaler gegenüber als Kollegen. Vielleicht gab es Kränkungen und Erfahrungen, die der Sachlichkeit abträglich sind. Dennoch lohnt es sich, über Aufgaben und Belastungen in einer gewissen Regelmäßigkeit zu sprechen.

Wenn euch das Reden schwerfällt, schafft eine Erledigungstafel für die Küche an, auf der Dinge eingetragen werden, die zu tun und zu besorgen sind. Mir hilft es zum Beispiel, Aufgaben, Bitten und Beschwerden aufzuschreiben. Schriftlich fällt mir die nötige Sachlichkeit viel leichter.

Bei den Gesprächen und Verhandlungen mit meinem Mann habe ich aber auch lernen müssen, mich stärker in ihn hineinzuversetzen. Ich musste lernen, dass es schlechte Zeitpunkte für Verhandlungsgespräche gibt und dass seine Arbeit ihn so sehr in Beschlag nimmt, dass er direkte Ansagen und Erinnerungen braucht. Ich habe gelernt, dass Kritik Rückzug zur Folge hat und es sinnvoller ist, sich Vorwürfe zu verkneifen, optimistisch zu planen und nur über die künftigen Erledigungen zu sprechen, nicht über Dinge, die in der Vergangenheit schiefgelaufen sind. Was außerdem hilft, ist gegenseitiger Respekt für das, was der andere leistet: sei es die tägliche Erwerbs-, Familien- oder Hausarbeit.

Johanna, 31

Was machst du eigentlich den ganzen Tag?

Kürzlich sagte mein Mann zu mir: »Du sitzt ja sowieso nur auf dem Spielplatz herum. Da kannst du ruhig auch noch das Auto in die Werkstatt bringen.« Ich musste mir wirklich auf die Zunge beißen, um nicht auszurasten. Nachdem ich mich beruhigt hatte, habe ich ihm eine Liste geschrieben, was ich so alles erledige, während er im Büro ist. Alles, was ich von 6 Uhr früh bis halb 10 abends mache, habe ich notiert – und zwar so genau, dass ich drei Seiten brauchte, um ihm verständlich zu machen, wie gefüllt mein Tagesablauf mit den Kindern wirklich ist. Er nahm diesen Zettel schweigend zur Kenntnis und äußerte sich nie wieder abfällig über das, was ich leiste.

Beziehungstipps

Bei Verhandlungen über die Verteilung von Aufgaben müsst ihr euch zunächst darüber klar werden, was ihr vom anderen erwartet. Diese Vorstellungen und Wünsche solltet ihr möglichst klar formulieren, damit ihr eine gute Grundlage für die Verhandlungen habt. Dazu braucht ihr beide:

- gegenseitigen Respekt
- Einfühlungsvermögen
- Offenlegung der eigenen Kapazität
- Bereitschaft zum Entgegenkommen
- Sachlichkeit und Klarheit
- regelmäßige Nachverhandlungen und Anpassungen

Effizienz kontra Kinderwunsch

Mir ist aufgefallen, dass Mütter, die möglichst früh und möglichst umfangreich ins Erwerbsleben zurückwollen, die ökonomische Effizienz auffällig betonen: »Frauen sollten effiziente Mitglieder der Gesellschaft sein, die ihren Beitrag in Form von Erwerbsarbeit und Steuerzahlungen leisten, die Gesellschaft auf diese Weise aktiv finanzieren und mitgestalten.« Ein Kind wird in dieser Sichtweise als Hindernis wahrgenommen, weil es Ressourcen, die dem Arbeitsmarkt zugute kommen könnten, verschwendet. Schließlich ist es ineffizient, wenn eine erwachsene, gut ausgebildete Frau ihre Zeit auf dem Spielplatz und in der Küche verbringt. Effizienter ist es, wenn weniger Erwachsene diese Aufgaben professioneller und gegen Bezahlung in Kindergärten erledigen.

Mütter sind sich darüber vollkommen im Klaren. Wie ich liegen sie abends an den Nägeln kauend im Bett und fühlen sich schlecht. Wir haben das Gefühl, dass das, was wir tun, zwar anstrengend, aber nichts wert ist und dass es uns am Ende unseres Lebens die Rente kostet. Als meine Tochter fünf Monate alt war, beschloss ich daher, im Homeoffice zu arbeiten. Ich war damals als Onlineredakteurin tätig und es schien mir aus heute unverständlichen Gründen eine gute Idee zu sein, zehn Stunden die Woche mit Kind zu Hause zu arbeiten. Mein Plan sah vor, dass ich arbeitete, sobald das Kind tagsüber schlief. Ich hatte aber nicht bedacht, dass mein Kind auf mir einschlief und ich mich zwei bis drei Stunden nicht mehr bewegen durfte oder dass es nicht in den Schlaf fand und im Wagen geschoben werden musste. Oder dass es nach zehn Minuten wieder aufwachte, weil eine Fliege gegen die Fensterscheibe geflogen war, und sich zwei Stunden nicht mehr beruhigen ließ. Kurz gesagt: Homeoffice war eine schlechte Idee.

Ich mühte mich nach Kräften, um auf meine zehn Stunden zu kommen, und war nach zwei Monaten ein nervliches Wrack. Die Idee, die Arbeitsphase auf den Abend zu verlegen, wenn mein Mann da war, funktionierte nicht, weil ich zu müde war. Ich hatte versagt. Auf mehreren Ebenen. Zum einen hatte ich mich verschätzt und fühlte mich deshalb wie ein Riesentrottel, zum anderen war ich kein effizientes Mitglied der Gesellschaft. Also heulte ich und sagte meinem Arbeitgeber, dass ich es erneut versuchen würde, wenn mein Kind in die Kita ginge.

Was ist euch wichtig?

Wenn wir ganz ehrlich sind, müssen wir zugeben, dass die Versorgung eines Babys für gut ausgebildete Frauen keine vollumfänglich befriedigende Sache ist. Sie ist körperlich extrem anstrengend und geistig frustrierend.

Aber es muss eben gemacht werden und abgeben wollte ich das Kind auch nicht. Wenn ich mir vorstelle, dass jemand anderes mein brüllendes Baby durch die Nacht geschaukelt hätte, während ich Nietzsche gelesen hätte, hätte sich das auch nicht richtig angefühlt. Es ist eben – wie so vieles – eine schizophrene Angelegenheit: Ich hasse es, aber ich will mich da durchkämpfen, um am Ende ein unbesiegbarer Ninja zu sein. Oder – um näher an der Wahrheit zu bleiben – weil ich glaube, dass es wichtig für unsere Beziehung ist, dass wir die guten und die schlechten Zeiten gemeinsam durchstehen.

Immer, wenn ich mein Leben mal wieder richtig scheiße und anstrengend fand, fragte ich mich: Wie soll mein Leben aussehen? Wie viele Teile meines Lebens will ich an schlecht bezahlte Hilfskräfte wie Reinigungskräfte, Erzieher, Babysitter und Lieferdienste delegieren? Will ich wirklich 40 Stunden im Büro verbringen und andere dafür bezahlen, dass sie Zeit mit meinen Kindern verbringen?

Jedes Mal dachte ich: Nein. Ich habe so ein Leben (ohne bezahlte Hilfskräfte, dafür mit maximal gestresster Mutter) aus der Perspektive eines Kindes miterlebt. Und es war nicht schön. Ich habe es überlebt und bin weder emotional noch intellektuell geschädigt. Aber will ich so ein Leben für meine Kinder? Nein. Und wenn eine Bascha Mika daherkommt und mir sagt: »Das willst du aber in Wahrheit doch. Du bist aus Faulheit, Feigheit und freiwilliger Unterwerfung kein effizientes Mitglied der Gesellschaft.« – dann sage ich: »Mag sein. Aber an dieser Stelle haben wir ein Beweisproblem. Vielleicht will ich das ja wirklich so. Und vielleicht ist das gar nicht so unemanzipiert, wie man mir das einreden will.«

 Beziehungstipps

Kinder bedeuten in den meisten Fällen ökonomische Nachteile, besonders für Frauen. Oft sind sich Mütter dieser Tatsache jedoch bewusst und nehmen die Nachteile mangels Alternativen in Kauf.

- Wie viel Zeit ihr als Familie miteinander und wie viel mit Erwerbsarbeit verbringt, ist eine persönliche und individuelle Entscheidung, für die ihr euch vor niemandem zu rechtfertigen braucht.
- Verabschiedet euch weitestgehend von Ratschlägen und Idealen und schaut, was euch in der jeweiligen Situation wichtig ist und worauf ihr verzichten könnt.
- Versucht, die Bedürfnisse aller Beteiligten zu berücksichtigen und verschiedene Möglichkeiten abzuwägen. Dann findet ihr sicher den Weg, der für eure Familie passt.

Mütter wollen perfekt sein

Ich bin inzwischen davon überzeugt, dass die Probleme, die zwischen Partnern nach der Geburt des ersten Kindes auftreten und oft zu Spannungen und Trennungen führen, zum größten Teil auf die Probleme junger Mütter zurückgehen.

Es ist nicht ihre Schuld, sondern sie sind überfordert, unzufrieden und zerrissen zwischen allzu hohen Ansprüchen und zu viel Verantwortung. Das Grundproblem ist, dass Frauen perfekt sein wollen und gleichzeitig selten gut darin sind, sich Hilfe zu holen. Sie wollen mit ihren Kindern alles richtig machen und qualifizierte, erfolgreiche Superfeministinnen sein, die auf eigenen Beinen stehen. Und wenn sie dann nicht mal ihren Mann dazu bewegen können, die Wäsche aufzuhängen, haben sie plötzlich ein gewaltiges Problem. Man kann eben nicht alles haben.

Wir haben uns vor der Geburt unseres ersten Kindes nicht hingesetzt und die Aufgaben in Excel-Tabellen aufgelistet. Es war eher so, dass wir unsicher waren, unsere Rollen in dieser fragilen Zeit mit Baby erst finden mussten und uns dann auf die Dinge fixierten, in denen wir uns kompetent fühlten: Mein Mann gründete in dieser Zeit ein Startup, das ihm viel Zeit und Kraft abverlangte. Und ich lernte schnell alles, was Mütter heute wissen müssen: Was sind die hippen Ökomarken für Kinderklamotten? Wo kauft man am besten Babynahrung? In welchem Monat drehen sich Babys vom Rücken auf den Bauch? Außerdem war ich Schadstoff- und Stillexpertin und konnte mir in Windeseile mit einem drei Meter langen Tuch ein Kind um den Leib binden.

Mein Mann konnte da nicht mithalten. Ihm waren die Wettbewerbe und Ansprüche rund um Babys ziemlich egal. Wenn ich kontrollierte, ob das Baby noch atmete, lachte er mich aus. Es dauerte nicht lang, da war ich die nervöse Babyexpertin und wenn er die Windel umband, war sie zu locker oder zu fest und vom Tragetuch wollen wir gar nicht erst anfangen. Die Rollen verfestigten sich.

In einer Studie wurde dieses Verhalten meines Mannes als Rückzug aus der Familie beschrieben. Besonders drei Jahre nach der Geburt des ersten Kindes ließ sich in Studien die Tendenz bei Vätern beobachten, »das Problem durch Rückzug aus der Familie zu lösen. Entsprechend nimmt bei den Müttern einerseits die Wahrnehmung der eigenen Belastung durch familienbezogene Verpflichtungen zu, andererseits aber auch, als Reaktion darauf, die Akzeptanz emanzipatorischer Konzepte.«[7]

Emanzipation der Mütter

Wenn wir gut ausgebildeten und emanzipierten Frauen uns plötzlich den ganzen Tag mit Kind und Haushalt befassen, begreifen wir oft zum ersten Mal im Leben, dass es mit gewaltigen Nachteilen verbunden sein kann, eine Frau zu sein. Zumindest mir ging es so. Vor meinem ersten Kind habe ich nie bewusst Hürden aufgrund meines Geschlechts wahrgenommen. Doch dann wurde ich Mutter und das Baby war abhängig von meiner Fürsorge und der Milch, die aus meinen Brüsten kam.

Das Problem ist, dass ich die Rolle der Hausfrau und Mutter nicht ganz freiwillig übernommen habe, sondern mit innerem Widerstreben und dem Hals voller geäußerter oder verdrängter Vorwürfe gegen das Kind, die Welt und meinen Mann. Doch es fehlt in unserer Gesellschaft an Modellen und Lebenskonzepten, die diese Zwangslage von Müttern zumindest aufweichen.

Diese für mich krisenhafte Erfahrung machte nicht nur mich emanzipierter. Viele andere Frauen, mit denen ich sprach, wurden mit den Erfahrungen als Mutter sensibler für Fragen der Emanzipation. Während ich vorher geglaubt hatte, Frauen hätten bereits die gleichen Rechte und Möglichkeiten wie Männer, wurde mir plötzlich klar, dass die Geburt eines Kindes die Karten bei fast allen Paaren noch einmal neu mischt. Und dann sind es meist die Frauen, die erdrückende Mengen an unbezahlter Arbeit leisten und dadurch in ihrem Leben und ihren Zielen eingeschränkt werden. Ich meine damit nicht nur Erwerbsarbeit und die damit verbundene Autonomie. Ich rede auch von Freizeit und der Möglichkeit, sich im Falle einer Krankheit auszuruhen und einen Tag im Bett zu verbringen.

Die Erfahrungen als Mutter stehen für viele Frauen in scharfem Kontrast zu dem Leben, das sie bisher kannten und wie sie es sich wünschten. Während der Zeit der Ausbildung herrscht weitgehend Chancengleichheit. Parallel dazu wird uns schon in der Kindheit vermittelt, dass wir die Freiheit hätten, alles zu tun und zu lassen, was wir wollten.

Der Eintritt ins Erwerbsleben ist dann der erste massive Einschnitt in diese Freiheit. Doch weil wir uns häufig bewusst für einen Werdegang, für eine Ausbildung und einen bestimmten beruflichen Bereich entschieden haben, nehmen wir die Einschränkungen als Herausforderungen wahr. Zudem sorgen Urlaube, Wochenenden und begrenzte Arbeitsstunden dafür, dass Arbeitnehmer über ein gewisses Maß an Erholung und Freizeit verfügen. Eine Entschädigung gibt es in Form eines Gehaltes und wenn es ganz gut läuft, erfährt man im Beruf auch noch Bestätigung in Form von Anerkennung oder eines bestimmten Ergebnisses. Im Gegensatz dazu bekommen die meisten Mütter heute wenig Entlastung oder Anerkennung.

Geben wir Rollenbilder weiter?

Bei mir war es vor allem meine Tochter, die mich feministischer hat werden lassen. Nach der Geburt ging ich in verschiedene Läden, um Kleidung für sie zu kaufen. Was mich irritierte und mir übel aufstieß, war die Geschlechtertrennung in der Babyabteilung. Ich wollte mein Kind nicht als Mädchen oder Jungen kleiden, behandeln und erziehen, sondern als Menschen. Das Baby sollte nicht angezogen sein wie eine Frau, nicht geschmückt mit Rüschen und Schleifen, sondern warm und praktisch in Overalls.

Als ich zu dem Thema las, erfuhr ich, dass Kinder schon früh mit Rollenerwartungen konfrontiert werden. Auf den Shirts der Mädchen steht »sweet« und »lovely«, auf denen der Jungen »wild« und »free«.

Eine Unisex-Abteilung gibt es höchstens in Ökoläden. Das Unangenehme ist, dass es sich hierbei nicht um Zustandsbeschreibungen handelt, sondern um ganz klare Rollenklischees, die dann von vielen Eltern so weitergegeben werden. So fordern Eltern ihre Töchter weit häufiger zur Vorsicht oder zur Kooperation auf als ihre Söhne. Ich habe mehrmals auf Spielplätzen mit angehört, wie dreijährigen Jungen gesagt wurde, dass sie sich nicht so anstellen oder den Ball schießen sollten wie Mädchen. Dabei ballte ich die Faust in der Tasche und sagte dem Elternteil, dass es keine Frage des Geschlechts sei, wer was kann. Dafür wurde ich dann ausgelacht oder beschimpft.

Kampf gegen Geschlechterstereotype

Eine aktuelle Studie der Psychologin Lin Bian und ihrer Kollegen der Universitäten Illinois, New York und Princeton zeigte, dass sich Stereotype, das heißt, Vorstellungen davon, wie bestimmte Eigenschaften mit Merkmalen einhergehen, schon bei sechsjährigen Kindern ausprägen. Jüngere Kinder hielten Personen mit ihrem eigenen Geschlecht für schlauer, denn kleine Kinder sehen sich selbst und ihr Geschlecht gewöhnlich in einem sehr positiven Licht. Ältere Kinder waren sich hingegen einig, dass eine besonders schlaue Figur in einer Geschichte ein Mann sein müsse. Sie verbanden die Eigenschaft klug mit dem männlichen Geschlecht. Einen Grund für diese Tendenz konnten die Forscher nicht ausmachen.[8]

Wenn man sich jedoch aktuelle Kinderbücher und Filme anschaut, dann wird langsam klar, woher solche Bilder und Verbindungen kommen. Die klugen, aktiven Helden sind fast ausschließlich männlich. Die hübschen, passiven Helden, die wenig zu Wort kommen, sind weiblich. Genau das gleiche Bild erwartet uns, wenn wir Medien für Erwachsene daraufhin untersuchen. Dazu kommt, dass die meisten Kinder in Familien aufwachsen, in denen der Mann außer Haus arbeitet und die Frau sich zum großen Teil um die Kinder und den Haushalt kümmert.

Unsere beiden Kinder dürfen schwach sein, weinen und ihre Gefühle mitteilen. Aber auch in mir stecken Rollenklischees und es gibt immer wieder Situationen, in denen ich mich aktiv dagegenstemmen muss. Wenn mein Sohn etwa Kleider meiner Tochter anzieht, spüre ich einen harten Impuls, ihm das zu madig zu machen. Ich habe Angst, dass er sich damit zur Zielscheibe für Gemeinheiten macht, obwohl ich die gesellschaftliche Norm, die dahintersteht, ablehne.

Deshalb stemme ich mich nach Kräften gegen solche schlecht begründeten Stereotype, um beiden Kindern das Gefühl zu geben, dass sie wichtig sind und dass sie auf dem bestehen dürfen, was ihnen zusteht. Ich hoffe, wenn sie groß sind, ist es selbstverständlicher als heute, dass Menschen unabhängig von ihrem Geschlecht in der Lage sind, das Beste aus ihrem Leben zu machen. Auch wenn sie sich dafür entscheiden, selbst Kinder zu bekommen.

Beziehungstipps

Ich bin als Mutter permanent an meinen eigenen und an den Ansprüchen von außen gescheitert. Das lag daran, dass es einfach zu viele waren. Also habe ich zumindest von mir selbst weniger verlangt.

- Wenn du merkst, dass dein Partner sich zurückzieht, wenn es um euer Baby oder um den Haushalt geht, ermuntere ihn durch Lob und Zuspruch, sich zu beteiligen und seine Stärken einfließen zu lassen.
- Nimm es nicht einfach hin, wenn dir jemand sagt, dass du aufgrund deines Geschlechts diese und jene Pflichten hättest (»Du bist doch die Mutter«), sondern frag dich, ob du das wirklich willst und ob es nicht auch jemand anders könnte. (Außer beim Gebären und Stillen lautet die Antwort: Ja.)
- Du wirst niemals perfekt sein, auch wenn du dir richtig viel Mühe gibst, denn du bist ein Mensch und darfst Fehler machen (sogar mit deinem Kind).
- Versuche dein Kind als Kind zu betrachten, nicht als Mädchen oder Junge.

Lassen sich Aufgaben gerecht teilen?

Karl Ove Knausgård beschreibt in seiner sechsteiligen Autobiografie »Min Kamp« über weite Strecken die Spannungen zwischen ihm und seiner Frau Linda. Sie haben vier gemeinsame Kinder. Während des Schreibens des Romanzyklus waren sie zusammen. Inzwischen leben sie getrennt und betreuen die Kinder im Wechsel, das heißt abwechselnd zu gleichen Teilen.

Im letzten Band mit dem Titel »Kämpfen« beschreibt er einen häufigen Konfliktpunkt zwischen ihm und seiner Frau. Sie hat seinen Schilderungen zufolge immer das Gefühl, mehr für die gemeinsamen Kinder zu geben und zu tun als er, obwohl sie zeitlich eine gleichberechtigte Aufgabenteilung anstreben. Sie teilen sich die Zeit, in der die Kinder nicht in der Kita sind, gleichmäßig auf beziehungsweise verbringen sie zusammen. Daneben arbeitet er an seinen Büchern. Seine Frau geht keiner Erwerbstätigkeit nach. Sie ist ebenfalls Schriftstellerin und hat mittlerweile insgesamt zwei Romane, einen Gedichtband und einen Erzählband veröffentlicht. Verglichen mit dem monumentalen Werk, das ihr Mann in derselben Zeit verfasste, mutet das wenig an. Es lässt vermuten, dass es sich hier nicht bloß um ein Disziplinierungsproblem handelt, sondern dass Linda auch zeitlich deutlich mehr Einsatz bei der Betreuung der Kinder zeigte.

In seiner Version der Dinge teilen sie sich jedoch Kinderbetreuung und Haushalt gerecht auf. Er schreibt aber, dass selbst wenn er zeitlich genauso viel tut wie sie, sie das Gefühl habe, mehr zu geben, weil die Kinder sie stärker in Anspruch nähmen. Wenn sie mit ihrem Vater zusammen sind, kann er zum Beispiel Zeitung lesen. Sind sie bei ihrer Mutter, ist das unmöglich, denn die Kinder belagern und fordern sie sofort. Sie kann sich schlechter von den Kindern distanzieren als er und dieses permanente gefühlte oder tatsächliche Ungleichgewicht nagt an ihrer Beziehung.

Mütter sind oft intuitiver

Natürlich kann man immer behaupten, dass es sich bei Erzählungen um spezielle Fälle handelt, in diesem Fall um empfindsame Künstler, die nicht repräsentativ sind für alle Eltern. Aber ich finde mich und viele andere Eltern in der Beschreibung sofort wieder.

Es ist erstaunlich häufig so, dass Mütter sich in den ersten Jahren in ihren Kindern ein Stück weit verlieren. Mit »verlieren« meine ich, dass ihnen die Angelegenheiten der Kinder weit wichtiger erscheinen als den Vätern und dass die Bindung zu ihren Kindern eine intensivere zu sein scheint. Ihre Bedürfnisse verschmelzen in gewisser Weise mit denen ihrer Kinder und Mütter fühlen sich stärker in der Verantwortung als Väter.

Aus bindungstheoretischer Sicht sind Mütter oft die Hauptbezugspersonen für ihre Kinder: Sie geben ihnen Sicherheit und Vertrauen in die Welt. Auf ihr Feingefühl für die Bedürfnisse der Kinder kommt es stärker an. Vätern kommt hingegen eher Bedeutung bei der Entdeckung der Welt zu. Kinder mit einer sicheren Bindung lösen sich mit zunehmendem Alter stärker von der Mutter und erforschen ihre Umwelt an der Hand des Vaters.

Auch in dem Buch der Amerikanerin Jennifer Senior wird das von einigen Müttern beschrieben, und zwar immer begleitet von einem Vorwurf. Weil es für viele moderne Frauen wichtig ist, die Arbeit, die um Kinder und Haushalt herum anfällt, partnerschaftlich aufzuteilen, haben sie ein Problem damit, wenn ihr Partner sich weniger verantwortlich fühlt. Senior schreibt dazu:

»Einer der Partner – in der Regel die Mutter – ist empfänglicher für die emotionalen Untertöne in der Familie. [...] Die Folge davon ist, dass der intuitivere Elternteil [...] zuweilen das Gefühl hat, der Partner übernehme seinen Anteil nicht, während der andere Elternteil [...] den intuitiven Partner übertrieben emotional findet.«[9]

In diesem Phänomen wird besonders deutlich, wie ambivalent das Muttersein ist. Und ich habe die Vermutung, dass diese als belastend empfundene Freiwilligkeit viel mit dem Idealbild der Mutter zu tun hat, das auch moderne, emanzipierte Frauen – wenn auch unbewusst – mit sich herumtragen. Eine konservative Lesart wäre es, zu sagen: Frauen sind nun einmal so. Sie können nicht anders, auch wenn sie sich dagegen wehren und es besser wissen. In ihnen ist das Kümmern biologisch verwurzelt. Dann dürfte es dieses Phänomen aber ausschließlich bei Müttern geben, was ich sehr stark bezweifle. Esther Perel schreibt dazu:

»Wie mir in meiner Arbeit mit schwulen und lesbischen Paaren aufgefallen ist, bilden sich, wenn nur ein Elternteil für die Pflege der Kinder zuständig ist, ähnliche Beziehungsmuster aus, also unabhängig vom Geschlecht. [...] Ich stelle immer wieder fest, dass diejenige Person, der in erster Linie Betreuungs- und Erziehungsaufgaben zufallen, von diesen Aufgaben [...] fast vollständig absorbiert wird, sich selbst aus den Augen verliert und große Probleme damit hat, eigene Interessen zu entwickeln (und in diesem Sinne ein geradezu zwanghaftes Verhalten an den Tag legt, das zwar frustriert, gleichzeitig aber auch Sicherheit bietet).«[10]

Es scheint also so zu sein, dass der Versorgung von kleinen Kindern in der Intensität, wie es heute üblich ist, die Gefahr innewohnt, sich in dieser Aufgabe zumindest zeitweise zu verlieren. Das gilt für Mütter, Väter und alle anderen Personen, die diese Verantwortung übernehmen.

Grenzen ziehen und Verantwortung abgeben

Um dieses Problem zu lösen, können Partner entweder ihre Einstellung verändern und die ungleiche Bindung akzeptieren oder sie können sich dagegenstemmen und – auch gegen den lautstarken Protest des Kindes – Gerechtigkeit herstellen. Grundsätzlich können beide Partner nämlich alles, außer Stillen. Bei Familie Knausgård scheint es nicht zu reichen, dass beide gleich viel Zeit mit den Kindern verbringen. Die Mutter fühlt sich trotzdem stärker in der Pflicht. Bei solchen gefühlten Ungerechtigkeiten ist es schwer, eine tragfähige Lösung zu finden.

Ich habe in solchen Momenten meinen Ärger heruntergeschluckt, später in einem ruhigen Moment meinem Mann mein Problem geschildert und ihm gesagt, dass ich mir wünsche, dass er sich auch so verhält wie ich, die Bedürfnisse der Kinder sofort befriedigt und sich um sie kümmert, wenn ein Problem auftritt. Seine Antwort war aber nicht zustimmend, sondern er meinte, ich machte mir viel von dem Stress, den ich empfände, selbst, übertriebe es mit meinem Perfektionismus und solle mir etwas von seiner Gelassenheit abschauen.

Es fiel mir schwer, diesen Rat zu befolgen. Meine erste Reaktion war natürlich: »Schönen Dank für gar nichts. Du machst es dir aber sehr leicht.« Doch nach und nach gelang es mir, gelassener zu werden, meine Ansprüche zurückzuschrauben, nicht sofort zu springen, wenn die Kinder riefen, sondern sie stärker zur Selbständigkeit zu ermuntern. So räumte ich zum Beispiel Geschirr so ein, dass sie allein darankamen und dadurch den Tisch decken oder Vergessenes selbst holen konnten. Kinder wachsen an solchen Aufgaben und es ist gut für sie, zu sehen und zu spüren: Meine Mutter hat Grenzen und weiß sie zu verteidigen. Denn nur so lernen sie, ihre eigenen Grenzen wahrzunehmen.

Ich habe mir mit der Zeit etwas von der Gelassenheit meines Mannes abgeschaut. Es war auch mein Gerechtigkeitsempfinden, das mit den Jahren öfter dafür gesorgt hat, dass ich sitzen blieb oder rief: »Frag Papa!«, wenn ich gerade keine Lust hatte, eine Milch zu machen, einen Hintern abzuwischen oder das abgefallene Legoteil wieder an seinem Platz zu befestigen. Es war Überwindung nötig, aber mit jedem Mal, bei dem der Personalwechsel reibungslos klappte, wurde mir leichter ums Herz. Mittlerweile weiß mein Mann sehr gut, wer Honig in die Milch will und wer nicht, wer welchen Brotbelag mag und wessen Kruste abgeschnitten werden muss.

Freiheiten einfordern

Ich forderte auch ganz konkrete Freiheiten ein, um nicht zu verschwinden. Ich verabschiedete mich am Wochenende regelmäßig zu Spaziergängen oder Cafébesuchen, während ich versuchte, nicht darüber nachzudenken, wie es den Kindern mit ihrem Vater erging. Ich traf mich mit Freunden, um wieder zu erleben, dass ich nicht nur Mutter bin.

Auch Freundinnen machten es so. Sie forderten ein oder zwei Mal die Woche Abende oder Nachmittage für sich ein. Andere verreisten für ein paar Tage ohne Kinder, um sich von ihrer Mutterrolle zu emanzipieren. Die meisten von ihnen kostete es Überwindung zu sagen: »Ich brauche das.« Oder: »Du kümmerst dich dann um die Kinder. Ihr schafft das schon.« Aber jede einzelne von ihnen ist erleichtert wiedergekommen. Die Wohnung war vielleicht nicht im einem Top-Zustand, aber meistens war es weit weniger schlimm als befürchtet. Der Genuss der Freiheit wog bei allen viel schwerer als die Angst, dass der Partner etwas falsch machen oder dass alles im Chaos versinken könnte. Natürlich schmerzt es auch, Verantwortung abzugeben und zu erkennen: Es geht auch ohne mich. Aber der Gewinn war größer.

Gesunden Abstand herstellen

Viele Mütter wünschen sich nach der Säuglings- oder Stillzeit eine stärkere Distanz zu ihren Kindern, wissen aber nicht, wie sie diese Grenze ziehen und Verantwortung abgeben können. Vielfach trauen sie sich auch nicht, Grenzen zu ziehen, weil sie Angst um ihre Bindung zum Kind haben. Dabei ist es unumgänglich, um Hilfe zu bitten – den Vater, die Großeltern, Freunde, Nachbarn oder Babysitter. Doch dazu bedarf es einer Trennung zwischen dem, was man sich zumutet, und dem, was zu viel ist. Diese Grenze darf nicht erst durch einen Burn-out gezogen werden.

Fraglos kann und sollte das Lernen auch in der anderen Richtung passieren. Nicht nur in den Medien gibt es Männer, die mehr Verantwortung übernehmen und Zeit mit ihren Kindern verbringen wollen.

Auch in Umfragen kommt dieser Trend klar zum Vorschein. In einer Befragung aus dem Jahr 2015 gaben 32 Prozent der Väter an, dass ihnen die Zeit, die sie mit ihren Kindern verbringen, zu kurz ist. Dasselbe gaben 19 Prozent der Mütter an. Die befragten berufstätigen Mütter verbrachten im Schnitt etwa doppelt so viel Zeit mit ihren Kindern wie die Väter. Um das zu ändern, wünschen sich alle Eltern, dass sie weniger arbeiten.[11]

Auf diesem Bedürfnis lässt sich wunderbar aufbauen. Jede Mutter sollte davon ausgehen und darauf vertrauen, dass der Partner mehr Zeit mit dem Kind verbringen will, und kann dann konkrete Vorschläge zur Umsetzung machen: »Wie wäre es, wenn du ihn/sie zur Kita/Schule bringst?« »Wir könnten uns mit dem Zu-Bett-Bringen abwechseln.« »Ich würde mich freuen, wenn ihr schon mal vorgeht/-fahrt und ich komme dann in ein, zwei Stunden nach.«

Vom Partner oder anderen zu verlangen, er möge es genauso wie man selbst machen, ist jedoch genau so absurd wie die Erwartung, der Partner werde einem die eigenen Bedürfnisse von den Augen ablesen. Stattdessen helfen an dieser Stelle eine klare Kommunikation und eine Prise gegenseitigen Verständnisses.

Mein Mann hasst es zum Beispiel, auf Spielplätzen herumzusitzen. Ich hingegen finde das wunderbar, seit ich dabei in einem Buch lesen kann. Deshalb erwarte ich nicht von ihm, dass er mit den Kindern auf den Spielplatz geht. Er ist derjenige, der mit ihnen Erkundungsspaziergänge in die Nachbarschaft unternimmt, der sie mit ins Café nimmt und mit ihnen in die Innenstadt fährt, um Besorgungen zu machen oder ins Kino zu gehen, was mir im Traum nicht einfiele. Und weil ich schon allein bei der Vorstellung Schweißausbrüche bekomme, machen sie diese Ausflüge ohne mich. Während dieser Ausflüge lernte mein Mann durch das Trail-and-Fail-Prinzip, dass er Snacks, Getränke und Windeln mitnehmen sollte, welche Strecken zu lang zum Laufen sind und dass es ratsam ist, müde Kinder nicht allzu weit von zu Hause zu entfernen.

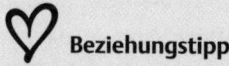 **Beziehungstipps**

Wenn ihr die Verantwortung (um-)verteilen wollt, achtet auf Folgendes:

- Überlegt euch, was ihr realistischerweise vom anderen fordern und/oder erwarten könnt.
- Formuliert eure Bedürfnisse und Vorstellungen klar und deutlich.
- Verteilt die Aufgaben so, dass sie zum Charakter und zu den Vorlieben des anderen passen.
- Zeigt beide Bereitschaft zu Kompromissen.
- Lasst euch Spielraum für Veränderungen und überprüft die Aufgabenverteilung regelmäßig, zum Beispiel durch Verhandlungsrunden, in die ihr ältere Kinder mit einbeziehen könnt.

Kinder bringen die Partnerschaft in Gefahr

Etwa die Hälfte aller Scheidungen betrifft Ehen mit Kindern. 40 Prozent davon fallen ins erste Jahr nach der Geburt des ersten Kindes. Das ist ein unmissverständlicher Beleg dafür, dass eine Geburt mit zahlreichen Überraschungen einhergeht, die Eltern im Vorfeld unterschätzen.

Barbara Reichle untersucht diesen Lebensabschnitt wissenschaftlich. Sie vertritt den Standpunkt, dass Eltern sich in der Zeit vor dem ersten Kind häufig eine Illusion der Unverwundbarkeit aufbauen. Die Paare betrachteten ihre Beziehung als so stark und unerschütterlich, dass sie sich die Zukunft weitgehend unbeeinflusst durch das Kind vorstellten. Darüber hinaus glaubten sie, dass ein Kind kaum etwas verändern werde.[12] Wenn sie dann von anderen hören, dass ein Kind ein starker Einschnitt sei, denken sie – wie wir damals: »Das wird uns nicht passieren. Wir lieben uns mehr, unsere Beziehung ist gesünder als die der anderen, wir reden offener und sind gleichberechtigt.«

Charlotte Roche und ihr Mann Martin Kess sprechen in ihrem Podcast »Paardiologie« recht offen darüber, dass auch sie am Anfang von der

Einzigartigkeit ihrer Beziehung überzeugt waren. Sie waren sicher, Seelenverwandte zu sein, die sich vollkommen genügen. Freundschaften oder andere Beziehungen waren nach ihrer Auffassung ein Problem, das die unbedingte Loyalität dem anderen gegenüber infrage stellte. Erst durch zahlreiche Sitzungen bei Therapeuten, das Verabschieden von Idealen und das gegenseitige Einräumen von Freiheiten konnten sie ihre Ehe retten. Eindrucksvoll führen sie in ihren Gesprächen vor, wie offen und respektvoll sie über Probleme reden. Sie nehmen einander ernst, ohne ihren Humor zu verlieren, und haben gelernt, einander zu vertrauen. Wie bei ihnen ist bei den meisten Paaren die Realität stärker als die eigenen Erwartungen und Annahmen.

Und plötzlich passiert es doch!

Trotz aller guten Vorsätze rutschen viele Eltern dann doch in die traditionellen Rollenbilder. Der Standardfall sieht folgendermaßen aus: Nach der Geburt des ersten Kindes bleibt so gut wie immer die Frau mit dem Kind zu Hause, wodurch sich in der Praxis eine Traditionalisierung der Rollen vollzieht. Die Frau ist in dieser Zeit fast ausschließlich für herkömmliche Frauenaufgaben zuständig, die ihren Tag ausfüllen. Sie versorgt das Kind, kauft ein, putzt, räumt auf und kocht. Das Problem ist nur, dass sie das nicht gern tut. Sie ist einerseits geistig unterfordert, andererseits durch die starke Abhängigkeit, die nächtliche Bereitschaft und die Hilfsbedürftigkeit des Kindes überfordert.

Aber meist haben junge Eltern keine großen Alternativen. Die Großeltern sind oft weit entfernt und/oder noch berufstätig. Kinder unter einem Jahr in Deutschland in eine Kindertagesstätte zu geben, ist schwer, da es kaum Angebote gibt und es gesellschaftlich nicht anerkannt ist. Hinzu kommt, dass der Personenkreis, den Babys heutzutage zu Gesicht bekommen, sehr eingeschränkt ist. Daher reagieren Kinder nicht besonders offen auf Fremde. Meine Tochter klammerte sich zum Beispiel auch jenseits der Fremdelphase bei Besuchen immer an mich, um den fremden Leuten, die teilweise zur Familie gehörten, nicht zu nahe zu kommen. Für sie wäre es undenkbar gewesen, von der Oma gehütet zu werden, die sie nur alle paar Monate für ein oder zwei Nächte sah. Sobald sie etwas warm mit ihr wurde, war die noch berufstätige Oma schon wieder weg.

Die junge Mutter sitzt also im statistischen Normalfall allein mit ihrem Säugling zu Hause, ist immer auf Abruf und lässt sich von den Bedürfnissen und Vorlieben des Kindes leiten. Wegen permanenter Müdigkeit findet sie kaum Ausgleich zu ihren stumpfsinnigen Routinen rund um Babypflege und Haushalt und versucht, aus der Liebe und der Freude, die ihr Kind umgibt, Kraft zu schöpfen. Aber kann das schon alles sein?

Kontakte zu anderen Müttern suchen

Ich hoffe, du bist schlauer als ich und gehst regelmäßig zu den mittlerweile zahlreichen Angeboten rund ums Baby, zum Beispiel zur Krabbelgruppe, zum Babyschwimmen, zum Rückbildungskurs oder zur Babymassage. Dort triffst du andere Frauen in der gleichen Situation, die dein Leben etwas leichter und interessanter machen können. Oder die dir zumindest verraten, dass du nicht allein bist mit deiner geistigen Unterforderung, deiner Einsamkeit und deinem Gefühl der Unfreiheit.

Bei meinem zweiten Kind habe ich zum Beispiel auf Spielplätzen und bei befreundeten Müttern mein Leid geklagt: »Dieser kleine Braten macht mich irre. Jeden Morgen um fünf Uhr ist er hellwach und ich denke darüber nach, mir ein paar Betäubungspfeile zu besorgen.« Durch derartige Offenbarungen trauten sich andere Mütter, auch von den Härten bei sich zu Hause zu erzählen. Alle fanden die Idee mit den Betäubungspfeilen sehr verlockend. Sie gaben zu, an den Rand eines Nervenzusammenbruchs zu kommen, wenn für ihr Kind wegen scheinbarer Kleinigkeiten die Welt unterzugehen drohe, wenn sie verzweifelten, weil sie wussten, dass ihr Kind müde war, sich aber über Stunden lautstark weigerte, einzuschlafen. Nach derartigen Gesprächen, in denen wir uns gegenseitig versicherten: »Es ist manchmal einfach die Hölle«, ging ich erleichtert nach Hause.

Die Bedürfnisse sind unterschiedlich

Kinderversorgung und Erwerbsarbeit führen oft zu ganz unterschiedlichen Bedürfnissen am Abend. Im schlechtesten Fall hat dann die Mutter das Gefühl, ihr Partner nehme nicht genug Anteil am Familienleben. Darauf reagieren beide gekränkt und ziehen sich zurück.

Lena, 28

Ein typischer Abend

Mein Mann kommt spät heim. Im besten Fall schlafen die Kinder bereits und ich freue mich wie irre, Zeit mit ihm zu verbringen und zu reden. Ich erzähle ihm vom Tag, von den Kindern und von mir. Es sprudelt aus mir wie ein Wasserfall, denn tagsüber habe ich nur mit den Kindern gesprochen und das ist mir zu wenig. Mein Mann ist aber nach seiner Arbeit oft erschöpft und manchmal noch angespannt. Er hat viel mit Kollegen gesprochen und freut sich zwar über mich und die Freude und Sehnsucht, mit der ich ihn empfange. Aber noch mehr würde er sich über etwas Ruhe freuen.

Lena hat dieses Dilemma in den Griff bekommen, indem sie sich andere Mütter in derselben Situation suchte, mit denen sie ihre sozialen Bedürfnisse tagsüber schon etwas befriedigen konnte. Außerdem versorgte sie ihren Mann schon tagsüber mit Videos und Fotos von den Kindern, sodass er immer im Bilde war.

Mia, 35

Warum ist mein Mann so gefühllos?

Es hatte zwei Tage gedauert, unser Zweitgeborenes auf die Welt zu bringen. Mein Mann hatte sich – wie abgesprochen – ab der Geburt zwei Wochen freigenommen. Kurze Zeit später kam ich vollkommen erschöpft aus dem Krankenhaus. Unsere Tochter beäugte den neugeborenen Bruder skeptisch. In dem Moment teilte mir mein Mann mit, dass er den Esstisch abschleifen wolle und fragte, ob sie ihm mal eben helfen könne, den Tisch auf den Balkon zu wuchten. Noch heute bin ich völlig fassungslos, dass mein Mann sich so wenig in meine Situation hineinversetzen konnte. Er verstand mich überhaupt nicht und meine Gefühle waren ihm vollkommen gleichgültig. Ich war tief verletzt und zog mich zurück. Später wurde mir klar, dass ich ihm das hätte sagen sollen, denn er konnte ja keine Gedanken lesen.

Es sind solche kleinen Episoden, die Partner voneinander abrücken lassen. Gegenseitige Kränkungen türmen sich immer höher zwischen ihnen auf, wenn sie es nicht schaffen, sich dem anderen verständlich zu machen.

Kränkungen führen zum Rückzug

Mein Mann und ich entsprachen voll und ganz dem Standard, ohne es zu wissen. Wir hatten weniger Sex, waren gestresst und genervt und unzufrieden mit unserer Beziehung. Ich zog mich aus Kraft- und Lustlosigkeit zurück, denn ich fühlte mich über weite Strecken des Tages wie ein »Bedürfniserfüllapparat«. Ich war frustriert und gab mehr oder weniger bewusst meinem Mann die Schuld an meiner Erschöpfung. Natürlich sprach ich das nicht laut aus, sondern grummelte lange Zeit nur vor mich hin und gab ihm meinen Frust eher passiv-aggressiv zu verstehen – durch lautes Auftreten bei meinen Erledigungen in der Wohnung, durch genervtes Gestöhne und gemurmelte Flüche. Er sollte meine Gedanken lesen und die Welt sollte sich von ganz allein verändern.

 Beziehungstipps

Unsere Rollen wurden mit den Kindern traditioneller, ich wurde unzufriedener, mein Mann zog sich zurück. Die Aufgabenverteilung verhärtete sich und infolge von Unverständnis und Verletzungen entstand ein immer größerer Abstand. Was wir noch nicht wussten, war:

- Wir müssen Nähe und Verständnis füreinander aktiv schaffen.
- Dazu gehört, dass wir unserem Partner verraten, wie es uns mit unseren Aufgaben und Belastungen geht, und erfragen, wie es bei ihm ist.
- Euer Partner ist nicht der einzige, der euch Verständnis entgegenbringen kann. Sucht euch Eltern in derselben Situation, um nicht so allein mit euren Sorgen und Problemen zu sein.
- Probiert eure Elternrollen an wie ein neues Paar Schuhe. Es muss eingelaufen und gelegentlich mit anderen abgewechselt werden.

Wenn Liebende sich voneinander entfremden

Im Gegensatz zu früher, nur wenige Generationen zurück, geht es in Ehen und festen Partnerschaften heute weniger um ökonomische Versorgungsgemeinschaften als um Emotionen. Nur so lässt sich erklären, dass Frauen weit häufiger Scheidungen einreichen und Ehen erklärtermaßen mit Verweis auf Gefühle beziehungsweise deren Abwesenheit beendet werden. (Früher waren es meist objektive Zwänge wie Gewalt oder Alkoholismus.) Dazu trägt vor allem die Berufstätigkeit der Frauen bei, denn durch sie fallen die ökonomischen Zwänge als Grund für das Zusammenbleiben weg.

Besonders Frauen erwarten von ihren Partnern ein tiefes Verständnis und emotionale Nähe. Angesichts kleiner Kinder fehlt oft die Zeit oder es fehlt an gemeinsamen Erlebnissen und einer ähnlichen Sicht auf

Dinge, um diese Nähe aufrechtzuerhalten oder herzustellen. Dann heißt es in der Begründung von Scheidungen oder Trennungen, man habe sich auseinandergelebt oder man habe so gut wie keinen Sex mehr.

Während Partner vor der Geburt ihres ersten Kindes häufig einige Gemeinsamkeiten pflegen und diese in vielen Fällen die Grundlage der Beziehung bilden, bewegt sich ihr Leben mit dem ersten Kind oft auseinander. Mein Mann und ich spazierten zum Beispiel früher sehr gern zusammen durch die Stadt. Meist gingen wir morgens ein Stück gemeinsam zur Arbeit. Noch vor der Geburt stellte ich mir vor, wie wir diese Strecke dann mit dem Kinderwagen zurücklegen würden. Doch meine Tochter wurde Ende November geboren und es folgte ein ungewöhnlich kalter, verschneiter Winter, in dem ich ungern lange mit ihr draußen umherlief, da sie meist brüllend erwachte. Außerdem schlief sie meist schon wieder, wenn mein Mann zur Arbeit aufbrach. Wir gaben also unser Spazier- und Unterhaltungsritual auf. Da sie auch nachts über weite Strecken sehr laut war, gewöhnte er sich an, mit Ohrstöpseln in einem anderen Zimmer zu schlafen, damit er am nächsten Tag einigermaßen erholt war.

Viele Mütter haben Schuldgefühle

Unser Alltag verlief sehr unterschiedlich. Mein Mann ging weiterhin arbeiten, für ihn veränderten nur sich die Lautstärke zu Hause und die Zufriedenheit seiner Frau. Für mich veränderte sich so ziemlich alles. Als geistiger Mensch fühlte ich mich stark beschnitten in meinen Fähigkeiten und Interessen. Ich war frustriert. Gleichzeitig wollte ich mir nicht eingestehen, dass ich frustriert war, schließlich hatte ich doch dieses wunderbare Baby, das ich mir gewünscht hatte. Ich wollte nicht undankbar sein. Es brauchte eine ganze Weile, bis ich mich traute, mir meine negativen Gefühle einzugestehen. Obwohl ich dachte, ich stünde über solchen Dingen, wirkte in mir der Mythos der liebenden, aufopferungsbereiten Mutter, die ihr Kind niemals als Plage, sondern nur als Geschenk empfindet.

Jesper Juul formuliert dieses Phänomen ganz treffend:

»Normalerweise fällt es Frauen und Müttern schwerer, sich für ihre eigenen Bedürfnisse einzusetzen. Es liegt daran, dass es Frauen in der Vergangenheit nicht erlaubt war, Nein zu sagen, sich abzugrenzen und zu sagen: ›Also, bis hierher und nicht weiter!‹[13] […] Gerade Frauen haben sich generationenlang durch dieses Schuldgefühl unterdrücken lassen. Und haben sich einreden lassen: ›Ich muss mich schuldig fühlen, wenn ich egozentrisch bin, wenn ich auf mich aufpasse.‹«[14]

Was Juul schildert, ist ein typisches Problem moderner Eltern. In dem Mythos der perfekten, aufopferungsvollen Mutter liegt eine große Gefahr für Familien. Denn Mütter neigen dadurch, dass sie diesem Ideal – bewusst oder unbewusst – nacheifern, dazu, sich zu überfordern und Ressentiments dem Partner gegenüber zu entwickeln. Sie werfen dem Partner offen oder insgeheim vor, dass er sich besser von den Bedürfnissen seines Kindes abgrenzen kann und dass er sich nicht ebenso bereitwillig wie sie selbst zurückstellt.

Weg vom Partner, hin zum Kind

Auf Dauer ist es sehr leicht, es sich in den separaten Lebensweisen bequem zu machen, sich vernachlässigt und unverstanden zu fühlen, dem anderen vorzuwerfen, dass er keine Ahnung von dem eigenen Leben habe und dass man mit allem allein dastehe. Es ist sehr einfach, sich auf seinen Alltag zu stürzen und sich in den Routinen zu verlieren. Es ist einfacher als man vorher denkt, nur noch zu funktionieren und den Blick für die eigenen Bedürfnisse zu verlieren. Wesentlich schwerer fiel es mir, für meine Bedürfnisse einzustehen und um Hilfe zu bitten oder sie zu verlangen.

Das lag auch daran, dass ich zumindest unbewusst dachte, ich müsse das alles allein schaffen. Wenn nicht, wäre ich eine schlechte, unfähige Mutter und meine Kinder nähmen Schaden. Es fiel mir schwer, Schwäche zu zeigen, weil ich es gewohnt war und von mir verlangte, stark zu sein. Erst später wurde mir bewusst, wie dumm und schädlich das war.

In den ersten Jahren fielen mein Empfinden und meine Bedürfnisse immer mehr mit denen der Kinder zusammen. Ich und meine Kinder, das war eine Einheit und wenn jemand meine Kinder angriff oder auch nur ein leises Wort der Kritik äußerte, fühlte ich mich persönlich angegriffen, begann mich zu verteidigen oder war zumindest gekränkt.

Wenn meine Familie sagte, mein Kind klebe zu sehr an mir oder die Nabelschnur sei noch gar nicht ab, dann nahm ich das als direkte Kritik an mir wahr. Und so war es wahrscheinlich auch gemeint. Kritik am Kind versteht eine Mutter fast immer als ihr Versagen. Mein Mann hatte das Problem nie, er nahm solche Äußerungen nicht einmal ernst. Nicht im Traum wäre ihm eingefallen, sich dadurch infrage zu stellen. Er war nicht mit den Kindern verschmolzen und dadurch weit weniger verletzlich.

Diese Einheit zwischen Mutter und Kind(-ern) ist nicht nur für die Mutter auf Dauer ein Problem, sondern auch für die Partnerschaft anstrengend. Junge Väter fühlen sich häufig aus dieser Einheit ausgeschlossen. Die Routinen zwischen Mutter und Kind sind so starr, dass das Kind den Vater zuweilen wegstößt, weil er bei einer bestimmten Tätigkeit nichts verloren hat.

Veränderte Liebesgeschichten

Wenn Partner eine schlechte Phase durchleben oder ihre Liebe bedroht ist, passiert meistens das, was auch nach einem heftigen Streit passiert: Mindestens einer schreibt in seinem Kopf die Geschichte der Beziehung um. Eine Bekannte, die ein Jahr lang in einer tiefen Krise mit ihrem Mann steckte, fing an, sich anders an ihre Ehe, ihr Zusammenkommen und ihren Umgang zu erinnern als früher. Sie »dichtete« alles negativ um. Plötzlich erzählte sie nicht mehr, dass sie wunderbarerweise mit ihrem besten Freund zusammengekommen war, von dem sie sich immer verstanden gefühlt hatte, sondern sie erzählte: »Wir waren schon immer mehr Freunde als Liebende. Das Sexuelle war von Anfang an kaum vorhanden und ist inzwischen völlig zum Erliegen gekommen.«

Bei mir ist es genauso. Wenn ich richtig sauer bin, lasse ich mir lauter Gründe dafür einfallen, dass mein Mann und ich überhaupt nicht zusammenpassen und nie hätten zusammenkommen dürfen. Dann poppen all die Dinge in meinem Kopf auf, die mich schon immer an ihm genervt haben. Denn natürlich gibt es auch immer Erinnerungen und Erlebnisse, die zu so einer negativen Geschichte passen, die sie füttern und völlig plausibel machen. Normalerweise werden solche Gedanken bei nächster Gelegenheit wieder weggeblasen, wenn die Erinnerungen an die guten Geschichten kommen und das Erleben dessen, was alles passt und sich perfekt ineinanderfügt – wie beim Versöhnungssex, wenn man noch dabei denkt: Das Puzzle ist wieder ganz.

Wenn aber diese negativen Erzählungen lauter und penetranter werden, dann ist es höchste Zeit, sich zu fragen, was hier passiert und wie man damit umgehen will. Mein Mann und ich gehören zum Team »Reden«. Andere Partner machen solche Krisen vielleicht mit sich allein aus. Aber wenn Eltern dermaßen auseinanderdriften, dass sie negative Liebesgeschichten in ihren Kopf wälzen, dann muss etwas passieren. Ich gehe also zu meinem Mann hin und sage: »Irgendetwas stimmt mit uns nicht. Du nervst mich zurzeit so stark, da ist etwas falsch.« Und dann überlege ich laut, was der Grund für mein Genervtsein sein könnte.

Warum ziehen sich Partner zurück?

Interessanterweise dachte ich in der sehr intensiven Babyzeit, in der ich mich verschmolzen mit Kind und Mutterrolle fühlte, dass mein Einsatz als Mutter auch für die Partnerschaft ausreiche. Schließlich täte ich das für unsere Familie und mein Partner müsse folglich in Liebe und Dankbarkeit mir gegenüber schwimmen. Tatsächlich aber fühlte er sich allein und zu kurz gekommen. Natürlich sah er, dass es gute Gründe dafür gab. Auch er hörte, dass der Babysohn selbst im Schlaf alle Viertelstunde nach mir krähte und wir daher nicht mal einen Film zusammen schauen konnten, doch von guten Begründungen geht die Einsamkeit nicht weg.

Anna, 29

Mein Mann zieht sich immer mehr zurück

Unser Sohn Leon hat oft feste Vorstellungen davon, wer ihn anziehen, trösten oder ins Bett bringen soll – meistens bin ich das. Mein Mann ist dann jedes Mal beleidigt und verletzt. Er zieht sich gekränkt zurück und befasst sich immer weniger mit Leon: »Er will doch sowieso lieber bei dir sein«, sagt er dann. Das führt dazu, dass ich immer mehr tun muss. Dabei würde ich mich freuen, wenn er sich mehr um Leon kümmerte. Wir müssten dem Jungen einfach klarmachen, dass jetzt der Papa dran ist mit Vorlesen oder Anziehen. Das gibt vielleicht ein paar Tage lang Geschrei, aber irgendwann wird Leon es akzeptieren.

Aus meiner Sicht war das Problem oft ein Mangel an Kraft. Ich funktionierte über weite Strecken des Tages einfach nur. Nach allen Erledigungen sank ich abends todmüde ins Bett und wollte einfach nur meine Ruhe. In dieses winzige, von totaler Erschöpfung gekennzeichnete Zeitfenster kroch mein Mann mit seinen Bedürfnissen nach Nähe und Zärtlichkeit. »Noch einer, der etwas von mir will«, dachte ich, und fühlte mich noch ausgelaugter. »Keiner mag mich«, dachte mein Mann und zog sich beleidigt an sein Smartphone zurück.

So ungefähr spielt sich das stille Drama in deutschen Schlafzimmern täglich ab. Ob es das Wissen besser macht, dass es anderen ähnlich geht? Sinnvoller ist es, zu reden. Als mein Mann mir irgendwann sagte, dass er Zärtlichkeit mit mir vermisste, redeten wir darüber, was wir uns beide wünschten, und ich versicherte ihm, dass es mir auch so gehe. Denn auch ich fühlte mich abgewiesen von seinem Smartphone in der Hand. Und ich erfuhr, dass er mich aufgrund gekränkter Gefühle abwies. Er nahm mir meine Zurückweisungen über den Tag übel. Wir wollten uns beide näher sein und vermuteten beim anderen das Gegenteil.

Wünsche äußern

Er sagte mir, dass er sich wünsche, dass wir auch tagsüber zusammensäßen und redeten wie früher. Also zwang ich mich manchmal dazu, meine Erledigungen liegen zu lassen und mich mit ihm aufs Sofa zu setzen. Ich musste mich in dieser getriebenen Zeit, in der ich glaubte, nur zu funktionieren, und in der ich wie ein Hamster immer weiterrannte, zur Ruhe zwingen. Erst mit der Zeit lernte ich wieder, mich wirklich zu entspannen und die Dinge gelassener anzugehen.

Wir achteten mit der Zeit mehr darauf, uns im Flur zu umarmen, uns öfter zu küssen, uns bei kurzen Gelegenheiten ins Bett zu kuscheln und wieder konzentrierter und aufmerksamer miteinander zu reden. Dazu war es oft nötig, uns Freiräume zu erkämpfen oder sie uns gegen alle Vernunft und sämtliche Pflichten zu nehmen. Wir verabredeten uns etwa feierlich zum morgendlichen Kaffee, nachdem die Kinder weggebracht waren, oder zum Mittagessen. Oder wir schickten die Kinder am Wochenende in ihr Zimmer oder zogen uns selbst in einen weniger in Beschlag genommenen Teil der Wohnung zurück, um Zeit zu zweit zu verbringen. Wir reden in diesen Momenten über Dinge, die uns beschäftigten, die wichtig für uns waren oder über die wir uns ärgerten. Oder wir reden nicht und versicherten uns ohne Worte, wie sehr wir uns mögen.

Viele Paare müssen sich zu einer Annäherung zwingen, weil sie dringende Erledigungen aufschieben oder recht viel Geld in die Hand nehmen müssen (Babysitter, Restaurantrechnung, Theaterkarten usw.), um sich gemeinsame Zeit zu erkaufen. Vor den Kindern war das deutlich billiger und einfacher. Es ist eine Herausforderung, die eigene Liebesbeziehung so ernst zu nehmen und so sehr zu schätzen, dass man zu solchen Opfern bereit ist.

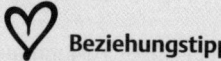
Beziehungstipps

Du überstehst die Kleinkindjahre besser, wenn du

- deine Bedürfnisse nicht permanent zurückstellst oder dich zumindest darüber beschwerst, wenn du es tust (das ist besser für die Seele).
- deinen Partner nicht vergisst, solange du mit dem Baby verschmolzen bist. Hol ihn so oft wie möglich mit hinein in dieses warme Liebesnest.
- versuchst, neben allem Stress den Partner im Blick zu behalten, seine Kränkungen und Wünsche zu erkennen.
- hellhörig wirst, sobald negative Gedanken und Erzählungen zur Beziehung lauter werden (schlechtes Zeichen).
- dir auch in stressigen Zeiten gelegentlich vergegenwärtigst, wie wertvoll und wunderbar es ist, dass es jemand mit dir aushält.
- sobald ihr merkt, dass ihr mehr Zeit zu zweit braucht, viel Geld für einen Babysitter plus einen gemeinsamen Abend ausgebt (es lohnt sich). Oder du ignorierst Wäscheberge und Unordnung, setzt das Kind vor den Fernseher und genießt ein paar gemeinsame Momente.

Kinder verändern die Eltern

Was Dr. Barbara Reichle mit dem Begriff Unverwundbarkeitsillusion (S. 70) beschreibt, ist eine Illusion, die sich Paare aufbauen, um sich die enorme und nicht zu überblickende Aufgabe als Eltern überhaupt zuzutrauen. Es ist, als müsste sich jeder, der ein Kind bekommt, vorher Mut antrinken und die Augen ganz fest zukneifen, um dann in diese unbekannte Tiefe springen zu können.

Charlotte Roche und ihr Mann reden in »Paardiologie« darüber, wie viele Ideale und Vorstellungen ihrer Einheit sie abschütteln mussten, um nicht ständig an ihrer inneren Messlatte zu scheitern, als sie ihre symbiotische Beziehung nach und nach und schmerzhaft für Dritte öffneten, für Freundschaften, aber auch für sexuelle Begegnungen neben der Ehe. Sie reden darüber, wie unsicher sie in den ersten Jahren waren, wie sie sich oft von Dritten bedroht fühlten und mit der Zeit verstanden, dass diese Angst viel mehr mit ihrem eigenen Gefühl von Minderwertigkeit zu tun hatte als mit dem anderen.

Wie viele anderen Paare auch hat die Realität und die Dauer der Beziehung sie verändert. Es ist nämlich sehr schwer, hoch gesteckte Ziele und Ideale über Jahre hinweg zu verfolgen, ohne permanent enttäuscht zu sein. Und wenn Kinder dazukommen, liegen nicht nur die Nerven blank, sondern auch die Schwächen und Abgründe des Partners, die am Anfang noch einen gewissen Charme hatten, werden deutlich. Aber es ist kein Weltuntergang, wenn einen der andere zuweilen nervt. Es ist auch nicht so schlimm, wenn man sich in den Nachbarn verknallt. Solche Dinge passieren zwar nicht in Märchen, aber die enden auch immer mit der Hochzeit und erzählen nicht die Geschichte von 40 Jahren Ehe.

Selbstständigkeit aufgeben

Besonders schwer wog für mich, dass ich in den ersten Jahren beruflich kürzertrat, während mein Mann mehr arbeitete, um seiner neuen Rolle als Ernährer besser gerecht zu werden. Meine Selbstständigkeit war mir immer sehr wichtig, aber ich hatte nur halbtags gearbeitet, weil ich mit wenig klarkam, und bekam dementsprechend nur wenig Elterngeld. Wegen der turbulenten Gründungsphase kam es für meinen Mann nicht infrage, in Elternzeit zu gehen.

Deshalb musste ich auf meine wirtschaftliche Unabhängigkeit verzichten. Das fühlte sich zunächst furchtbar an und ich versucht, mein schlechtes Gewissen durch Geiz zu beruhigen. Der Geiz beschränkte sich jedoch auf mich selbst. Für mein Kind warf ich zwar nicht das Geld mit offenen Armen zum Fenster raus, aber ich sparte auch nicht gerade. Die Tatsache, dass mein Mann nicht so geizig war wie ich, störte mich in dieser Zeit. Es dauerte Jahre, bis ich mich dahingehend beruhigte und mich damit abfand, dass wir Großteils von »seinem«

Geld lebten. Heute kann ich mir ohne größere Schmerzen ein paar neue Winterschuhe kaufen. Dazu trug auch unsere Hochzeit bei. Seit unserer Hochzeit, die vertraglich besiegelte, dass wir aus einem Topf wirtschaften und alles teilen, war es leichter für mich.

Die Ehe macht Ungleichheit leichter

Eine erklärte Feministin sagte mir vor einiger Zeit, dass sie aus genau demselben Grund auf einer Ehe bestand wie ich. Außerdem zahlt ihr Mann regelmäßig und solange sie sich hauptsächlich um die zwei kleinen Kinder kümmert, in ihre Rentenkasse ein. Schließlich, sagte sie, sei es eine gemeinsame Entscheidung gewesen, die Kinder nicht so früh fremdbetreuen zu lassen, und sie wolle keine gravierenden Nachteile dadurch erleiden.

Die Ehe ist nicht nur ein Vertrag, der es schwerer und teurer macht, sich zu trennen, sondern er regelt vor allem die Vermögensverhältnisse. Ohne Ehevertrag kann eine Frau, die sich zwei Jahre in Elternzeit befand und danach nur 20 Stunden arbeitete, verlassen werden und steht mit finanziellen Abstrichen, die sie im naiven Vertrauen in den Bestand der Beziehung gemacht hat, allein da.

Gemeinsamer Besitz und geteilte Erlebnisse festigen Studien zufolge die Partnerschaft. Es gibt allerdings zwei Ausnahmen: das gemeinsame Führen eines Unternehmens und Kinder. Vermutlich, weil es sich bei beiden um sehr ambitionierte und streitbare Vorhaben handelt, bei denen die Beteiligten ungern Kompromisse eingehen. Interessant ist auch, dass Väter ihre Partnerschaft stabiler einschätzen als Mütter.[15] Es ist sogar so, dass für Väter die Stabilität der Partnerschaft mit der Zahl der Kinder steigt. Aus Sicht der Mütter wirken Kinder eher gefährdend auf die Beziehung. Besonders stark ist dieser Effekt bei zwei Kindern. Erklären lässt sich dieses Ergebnis mit den Belastungen, die sich in erster Linie für die Mütter ergeben.

Der Familien Report von 2010 hat ergeben, dass es über 60 Prozent der Männer ideal fänden, dass die Frau beruflich kürzertritt, solange das Kind noch klein ist. Dem stimmten aber nur 37 Prozent der Frauen zu. Dazu im Widerspruch steht die Tatsache, dass sie es schließlich doch tun, allerdings zähneknirschend. Denn Frauen wünschen sich beides: ein erfülltes Berufsleben und Familienglück.[16] Über diese Fragen sollten sich Eltern, schon bevor das Kind da ist, verständigen und nach Lösungen suchen, mit denen beide gut leben können.

Es sind alles nur Phasen

Mir half in dieser Zeit das Mantra der Phasen. Ich kannte es bereits von meiner Hebamme, die mir mit Blick auf das Baby sagte: »Alles, auch die anstrengendste, größte Belastungsprobe, geht vorbei. Es ist nur eine Phase. Das Kind wird nicht bis ins Erwachsenenalter Wutanfälle haben oder bei jeder Kleinigkeit weinen, es wird nicht für immer Windeln tragen oder 20-mal pro Nacht aufwachen. All das geht vorüber.« Und so ist es auch mit den Einschränkungen der Eltern. Irgendwann kann man wieder voll arbeiten. In ein paar Jahren brauchen die Kinder deutlich weniger Zuwendung und Pflege als ganz zu Anfang.

Allerdings hilft diese Selbstberuhigung nur bedingt. Ein gebrochener Arm heilt auch irgendwann, aber diese Aussicht lindert den Schmerz nur wenig. Zusätzlich ist es von enormem Vorteil, wenn Mütter entlastet werden. Wenn der Partner in die Rentenkasse einzahlt, sagt er damit: »Es ist wichtig, was du tust, und ich will nicht, dass du Nachteile dadurch hast.« Es tut auch gut, wenn der Partner immer wieder sagt: »Danke, dass du das alles so toll hinbekommst.« Oder noch besser: wenn er von allein Wäsche wäscht, aufräumt, einkaufen geht und sagt: »Mach heute etwas für dich, ich kümmere mich um alles.«

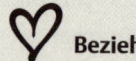 **Beziehungstipps**

Wenn ihr euer Elternsein aufgrund weniger Freiheiten und Autonomie als Belastungsprobe empfindet,

- ist nicht unbedingt und nur eurer Partner schuld daran (deshalb lasst es nicht an ihm aus).
- sprecht offen über Schmerzen, wenn einer von euch seine wirtschaftliche Selbständigkeit für eine gewisse Zeit aufgibt. Verträge wie durch die Ehe schaffen Sicherheiten.
- führt euch immer wieder vor Augen, dass es besser wird.
- sucht und organisiert euch auch außerhalb der Partnerschaft Unterstützung und Hilfe.

Finanzielle Abhängigkeit

Seit unsere Kinder auf der Welt sind, bin ich finanziell von meinem Mann abhängig. Wie die meisten Menschen in dieser Lage schäme ich mich dafür. Meine Mutter legte großen Wert darauf, selbstständig zu sein. Deshalb bläute sie mir ein, dass ich mich nicht abhängig machen dürfe.

Auch werde ich durch die Jahre des beruflichen Kürzertretens wenig Rente bekommen. Damit bin ich allerdings nicht allein, aber viele Frauen sprechen genauso ungern darüber wie ich. Ihre Scham gründet auf der Annahme, dass man auf sie herabschaut, dass sie versagt haben, weil sie nicht alles gleichzeitig stemmen können und gegen besseres Wissen gehandelt haben. Kaum eine von den Frauen, die sich in finanzieller Abhängigkeit befinden, ist überzeugte Hausfrau wie etwa Birgit Kelle, die ein rückwärtsgewandtes Plädoyer dafür schrieb, Kinder möglichst lange zu Hause zu betreuen und zufrieden mit der Mutterrolle zu sein. Ihre These ist, dass Frauen von Natur aus Muttertiere seien und man sie ihrer natürlichen Neigung nachgehen lassen und nicht in die Erwerbsarbeit treiben solle.

Ich sehe das anders und denke, dass kleine Kinder ihre Eltern oft mit Sinn und Freude erfüllen und dass diese Erfahrung für viele überraschend kommt. Wie bei mir. Auch ich dachte vor den Kindern, dass ich alles nebeneinander stemmen würde: Geld verdienen, kreativ sein und mich liebevoll um die Kinder kümmern. Das ist jedoch nicht möglich, zumindest mir nicht. Ich habe einfach nicht die Kraft dafür und muss auch irgendwann mal schlafen. Hätte ich in den letzten Jahren mehr gearbeitet, wäre ich dadurch eine Mutter geworden, wie ich sie nicht sein möchte: gestresst, genervt und leicht reizbar. Ich habe den Verdacht, dass die Vereinbarkeit von Karriere und Kindern in Deutschland nur unter größeren Abstrichen auf einer der beiden Seiten möglich ist. Zumindest für Leute, die sich keine umfangreichen Hilfen leisten können oder wollen.

Anders als geplant

Ich kenne inzwischen zahlreiche Familien, bei denen die Planung ganz anders ausgesehen hat, als das Modell, für das sie sich am Ende entschieden haben. In vielen Fällen haben Sachzwänge eine Rolle gespielt. Besonders in Großstädten ist es aufgrund der hohen Mieten nur wenigen Familien möglich, auf ein Einkommen zu verzichten. In den Familien, in denen der Mann ausreichend verdient, entscheiden sich viele – zumindest für die Dauer der Kleinkindjahre – für eine traditionelle Rollenaufteilung und haben mehr oder weniger starke Schmerzen mit der Schieflage, die dadurch entsteht. Bei Paaren mit einer besserverdienenden Mutter gehen die Väter meist trotzdem weiterarbeiten.

Das liegt vermutlich an den Bildern von Männlichkeit und Weiblichkeit, die uns vorgehalten wurden. Frauen sind aufgrund ihrer Erziehung, der gesellschaftlichen Bilder von Müttern und schlichter körperlicher Gegebenheiten weit stärker bereit, ihre beruflichen Ambitionen zumindest zeitweise zurückzustellen. Dafür spricht auch die recht ungleiche Verteilung der Elternzeit. Das Bedürfnis, für die Kleinkindzeit beruflich kürzerzutreten, ist jedoch theoretisch bei beiden Geschlechtern vorhanden. Doch geltende Rollenbilder und reale Lohnunterschiede sorgen dafür, dass am Ende fast immer die Mütter diejenigen sind, die diesen Part übernehmen.

Abhängigkeit, auch wenn sie zeitlich begrenzt ist, passt nicht zu den geltenden Idealen und Werten. Deshalb lassen sich Mütter auch nur unter Schamgefühlen und in Ermangelung attraktiver Alternativen darauf ein und arbeiten in Deutschland durchschnittlich etwa 20 Stunden, was angesichts des europäischen Durchschnitts recht wenig ist. 19 Prozent der verheirateten Frauen sind vollkommen abhängig vom Gehalt ihres Mannes. Weitere 63 Prozent verdienen unter 1 000 Euro netto und sind damit ebenfalls nicht in der Lage, sich selbst zu versorgen. Die durchschnittliche Frau ist damit abhängig vom Partner und nicht besonders glücklich damit. Allerdings sieht es mit dem Glück auch bei denen nicht besser aus, die mehr arbeiten.

Weniger arbeiten braucht Vertrauen

Wenn ein Partner seine Arbeitszeit reduziert, um sich um ein Baby zu kümmern, braucht es Vertrauen. Mir fiel es sehr schwer, dieses Vertrauen aufzubringen. Als Trennungskind und Realist gehe ich davon aus, dass eine Trennung jeden treffen kann. Auch uns. Und natürlich hätte ich lange Zeit ziemlich blöd dagestanden, wenn das tatsächlich passiert wäre. Es hat viele Nächte gegeben und es gibt sie noch immer, in denen ich von der Vorstellung wachgehalten werde, dass mein Mann von einem Laster überfahren wird. Oder auf andere Art und Weise verschwindet. In Wahrheit hasse ich die Vorstellung, abhängig zu sein. Aber die Alternative ist genauso schweißtreibend.

Alle in meinem Bekanntenkreis, die den Weg der zeitweiligen Abhängigkeit wählten, sind verheiratet, um im Zweifelsfall einigermaßen abgesichert zu sein. Die mit der Ehe vertraglich vereinbarte Zugewinngemeinschaft gibt dem finanziell schwächeren Partner eine gewisse Sicherheit. Mit der Möglichkeit, sich ohne Weiteres zu trennen, würden sie deutlich unruhiger schlafen.

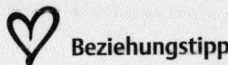 **Beziehungstipps**

Wenn du finanziell abhängig von deinem Partner/deiner Partnerin bist, liegt das vermutlich (wie bei mir) weniger an deiner Überzeugung als vielmehr an Kompromissen und objektiven Zwängen. Vielleicht hilft es dir, wenn du dir vor Augen führst,

- dass du damit in guter Gesellschaft bist, denn viele Familien wählen dieses Modell, um den Aufgaben gerecht zu werden.
- dass jede Familie das Recht hat, diese Entscheidung nach ihren Möglichkeiten und für sich zu treffen.
- dass das Vertrauen zueinander, das solch eine Entscheidung braucht, nicht unbedingt naiv ist, sondern für Zuversicht und Verlässlichkeit spricht.

Arbeiten und Kinder

Nur Mutter zu sein, reicht den meisten Frauen nicht. Und genau wie ich verbringen sie das erste Jahr mit dem Kind nicht ohne Frust. Weil sie nicht genug Selbstvertrauen und Erfüllung aus ihrer Mutterrolle ziehen und weil die Tätigkeiten, die mit der Versorgung eines Babys verbunden sind, monoton und körperlich stark belastend sind. Auf Dauer fühlen sich viele davon geistig unterfordert und gleichzeitig körperlich und nervlich überlastet.

Bridget, 39

Ich jongliere ständig zwischen Arbeit und Familie

Ich bin Ärztin, arbeite Vollzeit in der eigenen Praxis und habe außerdem zwei kleine Töchter. Zum Glück bin ich mit einem tollen Mann zusammen, der auch eine Praxis hat und mir viel abnimmt. Aber unser Leben ist vollkommen durchgetaktet. Die Kinder sind von sieben bis fünf in der Kita, da bleibt nicht mehr viel Zeit als Familie. Außerdem müssen abends auch noch Abrechnungen gemacht werden. Das Schlimmste ist die Müdigkeit. Meine Tochter ist jetzt dreieinhalb Jahre alt und wacht immer noch mindestens einmal die Nacht auf. Wie oft sie in ihrem Leben durchgeschlafen hat, kann ich an einer Hand abzählen. Aber ich will meinen Job auch nicht missen. Ich brauche das. Nur Mutter sein – das könnte ich nicht!

Frauen wie Bridget empfinden den Wiedereinstieg in ihren Beruf daher als geradezu heilsam und sehr angenehm. Sie genießen es, wieder unter Erwachsenen zu sein und anspruchsvollere Tätigkeiten auszuführen, bei denen es ein Ergebnis und einen Erfolg gibt. Auch die Trennung von ihrem Kind und dass sie nicht mehr permanent verfügbar sind, empfinden viele als wohltuend, weil sie endlich wieder das Gefühl haben, ein Mensch zu sein, den man ernst nimmt.

Man kann nicht alles haben

Ein befreundetes Paar scherzte einmal, dass es sich vor dem Kind regelmäßig auf das Wochenende gefreut hätte, doch seit dem Kind freue es sich jedes Wochenende auf den Montag. Alle lachten, denn wir wussten, wie viel Wahrheit in diesem Scherz steckte.

Alexander, 39, und Sophie, 37

Wir arbeiten beide weniger

Jeder von uns arbeitet 80 Prozent, denn wir haben eine sechsjährige Tochter und dreijährige Zwillinge. So können wir uns beide um die Kinder kümmern, aber auch beide arbeiten gehen. Zum Glück sind unsere Bürozeiten flexibel, sodass einer die Kinder in die Kita bringt und der andere sie abholt. Es ist uns nämlich wichtig, dass die Kinder nicht länger als acht Stunden dort betreut werden. Damit auch noch Zeit für uns als Paar bleibt, leisten wir uns zweimal die Woche einen Babysitter und einmal die Woche kommt eine Putzhilfe. Es ist zwar stressig, aber wir sind froh, dass es überhaupt geht und dass unsere Arbeitgeber kulant sind. Besonders in dem nicht gerade seltenen Fall, dass mindestens eins der Kinder krank ist. Wenn jeder noch ein bisschen weniger arbeiten könnte, wäre es perfekt. Aber man kann eben nicht alles haben!

Wenn das Geld fehlt

Meiner Erfahrung nach ist der Hauptgrund, dass Mütter mit einjährigen Kindern wieder arbeiten gehen, nicht in erster Linie Anerkennung oder Selbstständigkeit, sondern Geld. Ohne ein zweites Einkommen haben sie schlicht und ergreifend nicht genug finanzielle Mittel, um ihren Lebensstandard zu halten.

Mia, 34

Ich würde gern weniger arbeiten

Mein Partner und ich sind beide selbständig. Wir haben zwei Kinder. Unser Leben ist bestimmt von ständigen Absprachen und Zeitmanagement. Wenn der eine geht, kommt der andere. Ohne das dauernde Einspringen der Großeltern würde es nicht funktionieren. Und unsere Partnerschaft kommt schon seit Jahren zu kurz. Wie viele Mütter funktioniere ich über große Strecken des Tages einfach nur. Ich hetze durch den Tag und habe abends oft nicht mehr die Geduld und Ruhe, mich meinen Kindern intensiv zu widmen. Das hatte ich mir anders vorgestellt. Wenn es finanziell möglich wäre, würde ich gern weniger arbeiten. Allerdings fühle ich mich permanent unter Druck, am Ball zu bleiben, um nicht von anderen Kollegen abgehängt zu werden.

Permanenter Stress

In einer Umfrage der DRK-Gesundheit gaben 60 Prozent der arbeitenden Mütter an, nicht genug Zeit für sich selbst zu haben. Die Hälfte der in Vollzeit tätigen Mütter hat das Gefühl, nicht genug für ihre Kinder da zu sein. Von den in Teilzeit arbeitenden Müttern sind es 30 Prozent. Bei der Partnerschaft sieht es ähnlich aus. 40 Prozent der vollzeittätigen Mütter vernachlässigt gefühlt ihre Beziehung. Von den in Teilzeit arbeitenden Müttern sind es 30 Prozent.[17]

Wenn man Frauen mit kleinen Kindern fragt, wünschen sie sich mehrheitlich einen Job, aber am liebsten einen, der sich gut mit Kindern vereinbaren lässt, gern Teilzeit, am besten von zu Hause aus und flexibel. Dazu passt eine Beobachtung, nach der Frauen während der Elternzeit ihre berufliche Ausrichtung ändern, um Familie und Beruf besser vereinbaren zu können.

Johanna, 40

Ich habe umgeschult

Bevor ich Mutter wurde, arbeitete Ich als Chemikerin in einem Labor. Dann bekam ich drei Kinder. Nach einiger Zeit wollte ich gern wieder arbeiten gehen, aber nur in Teilzeit, damit ich auch noch Zeit für die Kinder habe. Die Chancen auf eine Teilzeitstelle im Labor waren null, deshalb schulte ich auf Erzieherin um. Und auch das war nur möglich, weil meine Mutter schon in Rente war und sich bereit erklärte, mir mit den Kindern zu helfen. Natürlich war mir bewusst, dass ich durch die zweite Ausbildung und den schlechter bezahlten Job weniger Geld bekommen würde, aber das war es mir wert. Ich wollte lieber eine Arbeit, die sich gut mit der Familie vereinbaren lässt, damit ich nachmittags noch etwas mit den Kindern unternehmen kann.

Der Wunsch nach Teilzeit

Der Wunsch von Müttern oder Eltern, zumindest ein paar Jahre beruflich kürzer zu treten, darf nicht pauschal als Feigheit oder Dummheit abgetan werden. Er wird von vielen sehr deutlich geäußert und die Praxis hat bereits gezeigt, dass es für viele Paare die Aufteilung der Wahl ist. Es wäre vermessen, Veränderung der Prioritäten und der beruflichen Ausrichtung als persönliches Scheitern abzutun.

Eine aktuelle Umfrage des DELTA-Instituts bestätigt, dass es sich durchaus um eine bewusste Entscheidung vieler Frauen handelt. 80 Prozent der teilzeitbeschäftigen Frauen finden es demnach »super«. Dabei machen sie sich allerdings nichts vor. Fast 70 Prozent sind sich sicher, später nicht von der eigenen Rente leben zu können.[18]

In einem Interview mit der TAZ äußerte eine Juristin, die auf Trennungsfälle spezialisiert ist, es entspreche nicht ihrem Verständnis von Feminismus, Leuten ihre Entscheidungen vorzuwerfen.[19] Es muss auch ein Recht von Frauen sein, sich für die Rolle als Hausfrau und Mutter zu entscheiden. Genauso wie es das Recht von Vätern sein muss, Hausmann zu sein. Bei der Mehrheit der Eltern sieht es ganz deutlich danach aus, als sei die Belastung, die sie durch Kinder erleben, groß genug, um zumindest bei einem der Partner den starken Wunsch nach eingeschränkten Arbeitszeiten aufkommen zu lassen. Für mich persönlich ist dieser Wunsch völlig verständlich.

Ich finde es dem Alter meiner Kinder nicht angemessen und es würde mich auch schmerzen, sie länger als sechs Stunden am Tag fremdbetreuen zu lassen. Die Einbußen an Freizeit und Geld nehmen wir als Familie in Kauf. Es ist eine Entscheidung, die mein Mann und ich gemeinsam gefällt haben. Und so sollte es für alle Eltern eine persönliche Entscheidung sein. Doch dazu bedarf es einer stärkeren Offenheit und Toleranz für Väter, die weniger arbeiten wollen, und entsprechender politischer Anreize.

 Beziehungstipps

Arbeit und Familie unter einen Hut zu bekommen, ist für niemanden leicht und für die ganze Familie eine Belastungsprobe. Ab besten gelingt es, wenn ihr folgende Tipps beherzigt:

- Überlegt, ob mindestens einer von euch in Teilzeit arbeiten und sich in der gewonnenen Zeit um Kinder und Haushalt kümmern kann.
- Handelt untereinander offen und fair aus, wer beruflich kürzertritt, wie lange, ob ihr euch abwechselt oder ob ihr vielleicht sogar beide weniger arbeiten könnt.
- Fall Sachzwänge eure Wunschaufteilung erschweren oder verhindern sollten, sucht nach Lösungen, statt euren Partner oder eurer Partnerin dafür verantwortlich zu machen.
- Solltet ihr beide voll arbeiten wollen, organisiert euch so viel verlässliche Hilfe wie möglich.

Arbeit als Belastung

Wird der Ökonomie ein hoher Stellenwert eingeräumt, wird leicht vergessen, dass Arbeit für die meisten Menschen nicht erfüllend, sondern unangenehm und langweilig ist. Die Mehrheit der Menschen arbeitet nicht in coolen Loftbüros mit flachen Hierarchien, immer gefüllten Obstkörben für alle und Kicker im Gemeinschaftsraum.

Die meisten Menschen gehen einer Arbeit nach, die sie selbst nicht als besonders wert- oder sinnvoll empfinden und mit der sie sich nicht identifizieren können. Sie erledigen ihre Arbeit, weil sie dafür bezahlt werden. Ein großer Teil von ihnen ist mehr oder weniger durch äußere und innere Umstände in seinen Arbeitsplatz hineingestolpert und mit den Jahren nehmen die Alternativen rapide ab. Ab dem dreißigsten Lebensjahr werden Umschulungen und Kurswechsel unwahrscheinlicher und schwerer zu realisieren. Eine Umschulung zur erfolgreichen Ballerina ist so gut wie unmöglich – und plötzlich verkauft man Zeitungen und Lutscher neben dem U-Bahn-Gleis.

2014 ergab eine Umfrage des Beratungsunternehmens Gallup, dass lediglich 16 Prozent der Belegschaft eine emotionale Bindung an ihre Stelle entwickelt haben. 67 Prozent der Befragten gab an, dass sie Dienst nach Vorschrift leisten. Weitere 17 Prozent der Angestellten haben innerlich bereits gekündigt.[20]

Für die wenigsten ist Arbeit erfüllend

Die Stand-up-Comedian Ali Wong, die im siebten Monat schwanger eine stark gefeierte Bühnenshow mit dem Titel »Baby Cobra« abgeliefert hat, führte sehr amüsant aus, wie neidisch sie auf die Frauen sei, die die Geburt ihres Kindes zum Anlass genommen hätten, nicht mehr arbeiten zu gehen. Sie sagte, dass auch sie darauf hingearbeitet habe, endlich nicht mehr jeden Tag ins Büro zu müssen, und dass es ein gut gehütetes Geheimnis der Frauen gewesen sei, dass sie genauso kompetent seien wie Männer. Nur leider hätten die Feministinnen es verraten. Und nun müssten auch Frauen ran und ihr bequemes und angenehmes erwerbsloses Leben aufgeben und ihr großes Geschäft auf der Bürotoilette verrichten. Ein klarer Rückschritt.

Natürlich ist das ein Scherz. Aber er ist witzig, weil er einen wahren Kern hat. Und dieser besteht in der Tatsache, dass Arbeit für viele eben nicht erfüllend ist. Erfolgsgeschichten von Karrierefrauen sind oft Geschichten, in denen sie sehr viel verdienen und einigermaßen flexibel sind. Wer viel Geld verdient, kann Dinge besser delegieren als mittelständische Angestellte. Heidi Klum etwa kann Aufgaben in ihrem Unternehmen und in ihrer Familie abgeben, um sich auf die Dinge zu konzentrieren, die ihr wichtig sind.

Die meisten Familien können das nicht. Weil sie Haushalt, Kinder und Beziehung allein verantworten und auch im Job wenig variieren können, ist die Teilzeitstelle das Mittel der Wahl, um nicht von den Lasten und Pflichten des Alltags erdrückt zu werden. Die doppelte 40-Stunden-Woche ist eine zu harte Belastungsprobe für die meisten Familien. Deshalb entscheiden sich die, die es können, oft dagegen. Wichtig ist, dass diese Entscheidung gemeinsam von den Eltern getroffen wird und nicht notgedrungen.

Wir hätten Investmentbanker werden sollen

Die Karriere von Künstlern rollt, wenn überhaupt, nur sehr langsam an, um dann mit den Jahren und den Erfolgen an Stabilität zu gewinnen. Viel Geld verdienen die meisten nicht.

Melissa, 44

Als Künstlerin habe ich es schwer

Ich bin Autorin und habe außer einem fast erwachsenen Sohn zwei Kindergartenkinder. Häufig trete ich auf Lesebühnen auf und ernte dort viele Lacher und Entzücken. Ich liebe meinen Job, aber es ist nicht einfach. Ich habe kein regelmäßiges Einkommen und hangle mich von Auftritt zu Auftritt. Im Grunde leben wir von dem Einkommen meines Mannes, der Redakteur bei einer kleinen Zeitung ist.

Und weil Melissa noch am Anfang ihres Werdegangs steht und ihre Gagen nur allmählich steigen, verdient sie nicht genug, um für sich selbst und ihre drei Kinder zu sorgen. Als ich sie fragte, ob eine Trennung grundsätzlich für sie infrage käme, raunte sie mir zu, dass sie das finanziell gar nicht könnte.

Der Zyniker sagt zu solchen Gelegenheiten: »Dann hätte sie halt Investmentbankerin werden sollen. Wer sich nicht selbst versorgen kann, darf eben keine Kinder bekommen.« Aber im Leben werden Entscheidungen nicht immer nur nach Geld und Sicherheiten getroffen, sonst wäre es auch um einiges langweiliger auf der Welt. Manche Menschen gehen Risiken ein. Manche scheitern und für andere zahlt es sich schließlich aus. Und auch diese Menschen müssen das Recht und die Möglichkeit haben, Kinder zu bekommen.

 Beziehungstipps
- Du bist nicht verpflichtet, deinem Job während der Elternzeit nachzuweinen. Genieße sie ruhig.
- Es ist keine Schande, wenn ihr euren Lebensstandard für ein paar Jahre zurückfahrt, weil die Kinder noch viel Fürsorge brauchen, sondern eine wohlbegründete Entscheidung.
- Die ersten Jahre, in denen das emotionale Fundament des Kindes gelegt wird, kommen nicht zurück – im Gegensatz zur Möglichkeit zu arbeiten.

4 Zusammenbleiben trotz Schwierigkeiten

Grundsätzlich wurde die Geburt eines Kindes bis in die fünfziger Jahre hinein als Freude und Erfüllung versprechendes Ereignis gewertet. In den fünfziger und sechziger Jahren traten dieser Auffassung mehrere Autoren entgegen, die das erste Kind überwiegend als krisenhafte Entwicklung beschrieben. Die romantische Verklärung wich mehr und mehr einer realistischeren Einschätzung. Nach Erfahrungen von Paartherapeuten sind dabei kommunikative Fähigkeiten von grundlegender Bedeutung.

»Die Risiken des Elternwerdens liegen darin, dass Eltern ihre Interessen als Paar, und hier sind aus Sicht beider Partner besonders die sexuellen Interessen betroffen, zumindest für einen Zeitraum von fünf Jahren eher zurückstellen und darüber nicht unbedingt einvernehmlich kommunizieren.«[21]

Die größte Ernüchterung geht mit der Erkenntnis einher, dass sich tatsächlich viel mehr ändert als angenommen. Plötzlich begreifst du: Das Leben mit Kindern ist kein Spaziergang auf Wolken und das Lächeln des Babys lässt dich die durchwachte Nacht doch nicht so ganz vergessen. Durch die permanente Erschöpfung und den Stress sinkt der Sex-Appeal zwischen den einstigen Lovebirds ganz rapide. Du begreifst schließlich: So ein Säugling entzweit seine Eltern weit stärker, als dass er sie verbindet.

Die wichtigsten Veränderungen für eine Partnerschaft nach der Geburt des ersten Kindes sind folgende:

- weniger Zeit zu zweit/weniger Zärtlichkeit und Nähe
- Zunahme von Konflikten
- Veränderung der Aufgabenverteilung
- weniger Einkommen durch Verringerung der Erwerbsarbeit
- Einschränkung sozialer Kontakte

Wir müssen reden

Vor ein paar Jahren titelten mehrere Zeitungen, dass Kinder unglücklich machen. Grundlage sind verschiedene Studien, die alle belegen, dass der Großteil aller Eltern nach dem ersten Kind unglücklicher wird. Dieser Befund konnte nicht nur für Deutschland, sondern auch für andere Länder bestätigt werden. Für die Betroffenen ist es oft gut zu wissen, dass es auch anderen so geht. Zumindest ging es mir so. Wenn ich weiß, es geht vielen so, fühlt es sich gleich weniger dramatisch an. Und es ist anscheinend nicht nur meine Schuld.

In einer Studie zum Thema Übergang zur Elternschaft wurde beobachtet, dass die Beeinträchtigung der Partnerschaftszufriedenheit wesentlich dadurch bestimmt ist, wie das Klima in der Paarbeziehung ist. Andere Faktoren wie die Beziehung zur Herkunftsfamilie oder die berufliche Situation waren für die Zufriedenheit eher bedeutungslos.

Paare, bei denen die Partner

- bereit sind, zu kooperieren,
- sich gut einfühlen können,
- den anderen sehen und von ihm gesehen werden,
- Interesse für den anderen zeigen,
- gemeinsam handeln,
- die Motive und Absichten des anderen erkennen und
- nicht besonders verletzlich sind,

überstehen die Krise, die ein Kind meistens bedeutet, eindeutig besser und gehen zufriedener durch diese Zeiten hindurch, weil sie an den Herausforderungen wachsen. Die Liste wirkt lang, sie enthält aber fast nur grundlegende kommunikative Fähigkeiten, die sich erwerben und verbessern lassen.

Vorauseilender Gehorsam

Ich bin jemand, der Probleme ungern und selten anspricht. Zum einen, weil ich meine eigenen Befindlichkeiten nicht so ernst nehme, zum anderen, weil ich schlicht und ergreifend Angst vor Konflikten habe. Außerdem schwebt immer das Bild der ewig nörgelnden Ehefrau über mir, dem ich nicht entsprechen möchte. Ich tendiere also dazu, mich zurückzunehmen und Ärger zu vermeiden, indem ich Unmut nicht ausspreche und Dinge lieber selbst erledige, als jemanden zur Verantwortung zu ziehen.

Das hat mit einem Kind noch recht gut funktioniert. Mit dem zweiten Kind war ich dann aber stärker auf meinen Partner angewiesen und musste lernen, ihn mit einzubeziehen und Konflikte auszuhalten und zu verhandeln, statt ihnen aus dem Weg zu gehen. Weil er offener ist, was das Reden über Probleme angeht, haben wir uns ganz gut ergänzt. Er sagte mir etwa: »Du wirkst unzufrieden. Was ist los?« Dann erklärte ich erstmal, dass ich es nicht wisse, und dachte darüber nach. Später sagte ich ihm, was mich bewegte oder störte, worüber ich nachdachte und womit ich haderte.

Auf seine Anregung hin haben wir ehrlich über meine Ängste und Schwierigkeiten gesprochen und mein Mann versicherte mir mehrmals, dass er entgegen meinen Annahmen sehr wohl bereit sei und auch das Bedürfnis habe, sich stärker an Familienangelegenheiten zu beteiligen. Ihn hat es zum Beispiel lange genervt, dass ich Dinge allein plante und ihn bei manchen Dingen dann vor vollendete Tatsachen stellte. Ich hatte mir aufgrund seiner hohen Arbeitsbelastung gedacht, dass ich ihn mit den Angelegenheiten rund um die Kinder tendenziell störte. Das weckte meinen vorauseilenden Gehorsam und ich machte bei vielen Angelegenheiten einen Bogen um ihn.

Zwar bildete ich mir ein, es sei, um ihn nicht mit unwichtigen Dingen zu belästigen, aber in Wahrheit ging es auch darum, dass es einfacher war, Entscheidungen zu fällen, wenn ich mich nicht mit jemandem einigen musste. Das ging so lange gut, bis er sich schließlich beschwerte und mir meine Annahmen entlockte. Es stellte sich heraus, dass sie falsch waren. Zwar wollte er nicht über jede Socke, die ich für die Kinder kaufte, informiert werden, aber er wollte an wichtigeren Dingen teilhaben. Ich hatte ihm völlig unnötig und gegen seinen Willen Dinge abgenommen und ihn damit ausgeklammert. Es sind Überraschungen dieser Art, die man erlebt, wenn man miteinander spricht.

Passiv-aggressive Mütter

Die Strategie unzufriedener Mütter ist oft die, dass sie stampfend und fluchend hinter dem Partner herräumen, dass sie widerwillig Dinge erledigen, für die sie sich nicht wirklich zuständig fühlen, die aber sonst keiner macht. Und mit jeder weggeräumten Socke steigen der Ärger und die Aggression. Hinzu kommen unachtsam über die Heizung geknüllte Handtücher, auf dem Tisch stehen gelassenes Geschirr, Zahnpastareste im Waschbecken, vergessene Besorgungen und vieles andere mehr. Und wer meint, es handele sich nur um Kleinigkeiten, der irrt. Das ist der Sprengstoff, an dem Ehen zerbrechen. Aus ihm bestehen die negativen Erzählungen, mit denen zähneknirschend vor sich hinmurmelnd die Beziehung an die Wand genagelt wird.

Deutsche Wohnungen und Häuser sind voll von passiv-aggressiven Müttern, die fluchend die Socken ihres Mannes aufsammeln und in den Wäschekorb werfen. Sie werden mit den Jahren mürrisch, sie meckern, sind permanent unzufrieden und haben gute Gründe dafür. Dankbarkeit erfahren sie höchstens am Muttertag und eigentlich haben nur andere Mütter eine Ahnung davon, was es für sie bedeutet, dass die Kinder wohlgenährt und gesund sind, dass die Wohnung oder das Haus in Ordnung ist. Manchmal platzt es als bissige Bemerkung aus ihnen heraus. Zwischen den Zähnen pressen sie hervor: »Alles muss ich allein machen!«

Der Partner sieht natürlich die Unzufriedenheit, aber versteht im Einzelnen das Problem nicht bzw. weiß nicht, wie er die Situation verbessern könnte. Schließlich ist er nicht untätig. Er ist den ganzen Tag auf der Arbeit und denkt sich: »Die hat es gut. Keinen Druck, kaum Verantwortung, keiner, der ihr sagt, was sie zu tun hat und falsch macht.« Außerdem ist er oft verletzt, weil er so wenig Zärtlichkeit bekommt, während das Kind damit überschüttet wird.

Belastungen der Väter

Eine wichtige Voraussetzung für wertschätzende Kommunikation ist das Verständnis für den anderen. Weil gerade Frauen dazu tendieren, sich in Sachen Beziehungsarbeit und Kommunikation kompetent zu fühlen und weil es in diesem Buch vor allem um sie geht, möchte ich hier ausführlicher darauf eingehen, wie es bei den Männern aussieht.

Auch Väter empfinden die Geburt eines Kindes häufig als belastend. Sie fühlen sich oft mehr als vorher als Ernährer der Familie und reagieren mit Stress auf den Druck, möglichst viel Geld zu verdienen. Die Arbeit dient für sie weit stärker als für kinderlose Männer als Einkommensquelle und weniger als sinnstiftend oder befriedigend. Eine weitere Konsequenz, unter der junge Väter oft leiden, ist das Scheitern an den eigenen Rollenerwartungen. Auch junge Väter werden ihren eigenen Ansprüchen nicht gerecht. Auch sie wollen möglichst viel Zeit mit dem Kind verbringen, der Mutter helfen und Sicherheit bieten. Aber auch ihr Tag hat nur 24 Stunden. Der Stress verstärkt sich noch, sobald ein weiteres Kind geboren wird. Langfristig reagieren viele Väter darauf mit einem stärkeren Rückzug aus der Familie und einer Hinwendung zur Arbeit. Denn das Scheitern an den eigenen Einstellungen ist auf Dauer frustrierend.

Die Rechnung, die diesem Verhalten zugrunde liegt, ist einfach: Zeit ist Geld. Wer mehr verdient, kann auf lange Sicht weniger arbeiten. Für zahlreiche Väter in meinem Bekanntenkreis ist es deshalb attraktiv geworden, mit ihrem Arbeitgeber nicht über eine Gehaltserhöhung, sondern über Stundenreduzierung zu verhandeln. In Zeiten steigender Mieten und angesichts der hohen Kosten von Kindern ist das jedoch nur für Besserverdienende eine Option.

Es sind also nicht nur die Mütter, die nach der Geburt des ersten Kindes stark belastet sind, es sind auch die Väter. Sie zeigen es häufig nur anders und brauchen mitunter konkrete Hinweise, wenn es darum geht, wie sie stärker in Haushalt und Familie eingebunden werden können.

 **Beziehungstipps**

Typische Probleme zwischen Partnern entstehen, wenn

- du deine Bedürfnisse oder deinen Ärger nicht offen und direkt aussprichst.
- du Konflikten und Auseinandersetzungen dadurch ausweichst, dass du die Dinge selbst machst, bei denen du dir eigentlich Unterstützung wünschst.
- du Unzufriedenheit zu lange mit dir herumträgst und sie sich schließlich als passiv-aggressives Verhalten äußert.
- du nicht bereit bist, dich in deinen Partner hineinzufühlen und seine Sicht der Dinge zu verstehen.

Unangenehme Dinge ansprechen

Es ist leicht, miteinander über die Dinge zu sprechen, die man gemeinsam hat. Deshalb ist das Kennenlernen des Geliebten auch so angenehm. Wir widmen uns den Gemeinsamkeiten, fühlen uns verstanden und erkennen in dem anderen mehr und mehr eine verwandte Seele.

Die Phase, in der ein Kind dazukommt, ist weniger leicht. Wir kennen den anderen inzwischen und wissen, dass es himmelhohe Unterschiede zwischen uns gibt. Und an der Stelle wird es schwierig. Wir müssen lernen, dem anderen zu sagen, dass wir zum Beispiel mehr Zeit für uns brauchen oder den Abschiedskuss vermissen, dass er den Klodeckel runterklappen oder seine Wäsche in den Korb tun soll, dass wir das Gefühl haben, nicht mehr wichtig zu sein und unter unseren Aufgaben zu verschwinden. Es tut weh, solche Dinge zu sagen und sie sich einzugestehen. Aber nur wenn wir über solche Dinge reden und uns gegenseitig wahrnehmen, können wir uns nahe sein.

Wertschätzend und konstruktiv diskutieren

Therapeuten sind sich ziemlich einig, dass Paare diese kommunikativen Fähigkeiten erwerben können, dass sich die Partner sagen können: »Ich freue mich und bin dir dankbar dafür, dass du das machst, aber das ist nicht meins.« Wichtig ist, den anderen nicht abzuwerten, nur weil er deine Erwartungen enttäuscht. Für deine Erwartungen bist du selbst verantwortlich.

Die zweite Regel lautet: konstruktive Vorschläge machen. Wer nur darüber spricht, was schlecht gelaufen ist, riskiert Verletzungen und Streit. Die entscheidende Frage lautet: »Wie können wir es besser regeln, sodass wir beide zufrieden sind?«

Während Paare vor der Geburt ihres ersten Kindes relativ wenig kooperieren, sich absprechen und Uneinigkeiten verhandeln mussten, fordert ein Kind mit seinen Bedürfnissen permanent, dass Entscheidungen unter Zeitdruck getroffen werden, zum Beispiel: Wer nimmt das Baby? Hat es Hunger, ist ihm zu kalt, zu warm, braucht es nur Nähe? Soll man ihm noch einmal die Brust/Flasche anbieten? War das schon ein Bäuerchen? Warum findet es nicht in Schlaf? Ist es angemessen, das Baby ins Auto zu packen und mit ihm um den Block zu fahren, damit es einschläft? Brauchen wir wirklich einen Windeleimer? Wollbodys? Stoffwindeln? Und auch Fragen, die den Haushalt betreffen, werden dringlicher.

Wenn ein Paar wenig oder nicht in der Lage ist, solche konfliktreichen Aufgabenfelder zu besprechen und zu verhandeln, stauen sich mit der Zeit Frust und Ärger an. Auch Michelle Obama klagt in ihrer Biographie darüber, dass ihr Mann seine Socken immer auf dem Boden liegen lasse. Er konnte acht Jahre lang Amerika regieren, war aber nicht der Lage, seine Wäsche wegzuräumen. Allerdings verrät die ehemalige First Lady nicht, ob sie seine Socken wegräumt oder sie ihm um die Ohren haut. Vermutlich war Obama aber längst wieder an seinem Schreibtisch und rettete die Welt, als seine Frau die Socken fand. Im Weißen Haus wurden sie aber sowieso von Bediensteten weggeräumt. Das ist jedoch für die meisten von uns leider keine Lösung.

Erwartungen aussprechen

Ein Knackpunkt in Beziehungen sind die gegenseitigen Erwartungen, über die oft nicht ausreichend gesprochen wird. Ich brauchte lange, um das zu verstehen. Früher sagte ich: »Machst du bitte die Kinder bettfertig?« Und mein Mann sagte zu den Kindern: »Hopp, hopp, ihr lieben Fröschlein, zieht euch die Schlafanzüge an und putzt euch die Zähne.« Und damit war der Fall für ihn erledigt, bis ich um die Ecke gestampft kam und rief: »Hier ist ja noch gar nichts passiert.«

Ein anderer Fall: Bekannte haben unterschiedliche Ansichten dazu, wann Schlafenszeit ist. Der Vater ist der Ansicht, solange das Kind keine Müdigkeit zeigt, braucht es nicht schlafen zu gehen. Die Mutter arbeitet im Schichtdienst, kommt regelmäßig am späten Abend nach Hause und schimpft, weil die Kleine noch spielt, obwohl sie ihrer Meinung nach längst ins Bett gehört.

Der Partner, der etwas vom anderen will oder erwartet, muss es klar formulieren und gegebenenfalls auch ins Detail gehen. Das bedeutet umgekehrt aber auch, dass der andere das Recht hat zu sagen: »Das sehe ich aber nicht so und mache das anders.« Dann kann man erklären und um Verständnis werben. Zum Beispiel: »Das Kind braucht regelmäßig seinen Schlaf, sonst ist es tagsüber öfter müde und das muss ich dann ausbaden.« Das sieht der andere dann ein oder eben nicht und dann man muss weiterverhandeln, um eine Lösung zu finden.

Wünsche konstruktiv statt destruktiv äußern

Wenn die Partner es nicht schaffen, konstruktiv und gezielt über ihre Wünsche und Erwartungen zu reden, wird ihr Umgang miteinander immer giftiger und negativer. Jeder hat den Hals voll mit Vorwürfen und Enttäuschungen. Oft ist das Problem, dass beide Beteiligten nur sehr vage oder unrealistische Vorstellungen davon haben, was sie vom anderen erwarten. Hier hilft ein klärendes Gespräch ohne Schuldzuweisungen.

Ein klärendes Gespräch

Vater: »Was sollte ich deiner Meinung nach noch alles machen? Was willst du von mir?«

Destruktive Reaktion der Mutter: »Du solltest mal deine Augen aufmachen und nicht immer so tun, als ginge dich das hier alles nichts an.«

Konstruktive Reaktion der Mutter: »Ich fühle mich oft überfordert und so, als wäre ich für Haushalt und Kind allein verantwortlich. Gleichzeitig habe ich das Gefühl, du siehst überhaupt nicht, was ich leiste. Vielleicht würde es helfen, wenn du ein paar Aufgaben übernehmen könntest. Es wäre mir zum Beispiel eine Hilfe, wenn du abends auf dem Rückweg einkaufen und am Wochenende ein paar Stunden mit dem Kleinen rausgehen könntest, damit ich mal Ruhe habe.«

Destruktive Reaktion des Vaters: »Du hast doch den ganzen Tag Ruhe, wenn der Kleine schläft. Und ich reiße mir in der Zwischenzeit ein Bein aus und werde abends dann auch noch rundgemacht. Ich wünschte wirklich, wir würden tauschen.«

Konstruktive Reaktion des Vaters: »Ich gehe gern mit dem Kleinen raus. Aber nach der Arbeit muss ich erstmal runterkommen und meine Ruhe haben. Da möchte ich nicht auch noch mit vollem Korb in einer Schlange stehen. Ich könnte aber am Wochenende immer einen Großeinkauf machen.«

Angesichts solcher fiktiven Gespräche wird hoffentlich deutlich, was »konstruktiv« bedeutet: Vorwürfe, besonders in Verbindung mit dem Wort »immer« führen dazu, dass der andere entweder dicht macht oder zurückschießt. Sinnvoll ist es, von sich und seinen eigenen Nöten und Gefühlen zu sprechen und Lösungen anzubieten. Eine gewisse Bereitschaft, sich in die Lage und die Schwierigkeiten des anderen hineinzuversetzen, ist dabei von Vorteil.

Wohlwollend und mit Respekt

Sprecht wohlwollend miteinander und geht von besten Absichten aus. Auch Gelassenheit und Großzügigkeit schaden nicht.

Samuel, 33

Ich bereite immer das Frühstück vor

Vor einer Weile beschwerte sich meine Frau, dass sie den Haushalt allein stemmen müsse. Nach genauerem Überlegen musste ich leider einsehen, dass sie recht hatte. Das Problem ist nur, dass ich einen sehr anstrengenden Job habe und die Fahrzeit pro Richtung eine Stunde beträgt. Das heißt, viel Zeit zum Helfen habe ich gar nicht. Deshalb habe ich angefangen, immer eine halbe Stunde früher aufzustehen und für die ganze Familie das Frühstück vorzubereiten, während alle anderen noch schlafen. Auch den Geschirrspüler räume ich dann aus, möglichst leise, damit niemand aufwacht. Ich gebe mir wirklich Mühe, schneide auch Obst und wenn es gekochte Eier gibt, male ich gern Gesichter drauf. Meine Frau freut sich sehr darüber und bedankt sich regelmäßig dafür, dass ich auch an ihr Müsli denke. Das tut gut. Besonders wenn meine Frau mir dann Fotos vom Frühstückstisch schickt.

Für eine andere Mutter war es wichtig, bald nach der Geburt wieder arbeiten zu gehen, und so haben sich die Eltern zusammengesetzt und nach einer Lösung gesucht, mit der beide gut leben konnten: Der Vater ging für mehrere Monate in Elternzeit und gewöhnte an deren Ende das Kind in eine Krippe ein.

Gemeinsame Gespräche helfen dabei, die oft diffusen Erwartungen zu konkretisieren und an der Realität zu messen. Dabei müsst ihr ausloten, was jeder von euch bereit ist zu tun und zu lassen. Sprecht über Babysitter, Putzpläne und -hilfen. Und falls ihr beschließt, das sechs Monate alte Baby doch noch nicht zur Tagesmutter zu geben, müsst ihr auch darüber sprechen, dass ihr euch geirrt habt, und eure Pläne anpassen.

Die Auffassungen darüber, wie ein richtiges Leben mit einer optimalen, gerechten Aufgabenverteilung aussieht, sind ganz verschieden. Als Eltern steht ihr vor der Aufgabe, diese Fragen miteinander zu verhandeln, und mehr und mehr wird auch euer Kind dabei mitreden oder Entscheidungen beeinflussen, wenn es sich etwa partout nicht mit der Flasche füttern lassen will (wie mein Kind) oder wenn es sich mit einem Jahr beharrlich weigert, sich in eine Kita eingewöhnen zu lassen.

Mitunter müsst ihr dann eure Ideale und Zukunftsvorstellungen aufweichen und realistischer gestalten. So wie ich mich von meiner Tochter habe belehren lassen, dass es doch keine so gute Idee ist, sie mit einem halben Jahr in fremde Hände zu geben, um wieder zu arbeiten. Ich brauchte lange, um mich von den Vorstellungen und Idealen, die ich im Hinterkopf hatte, zu lösen.

Auskotzen hilft

Alle Beziehungen erfordern die Bereitschaft zu Kompromissen. Wir müssen bereit sein, uns auf unseren Partner einzulassen und ihn mit all seinen Unannehmlichkeiten auszuhalten, die wir am Anfang für charmant hielten, die mit der Zeit aber nerven. Ihn zu lieben, obwohl er immer wieder Zahnpastareste im Waschbecken hinterlässt oder blöde Witze macht, wenn er unsicher ist. Wir müssen es aushalten, dass jemand Tüten immer falsch aufreißt oder nie sieht, dass der Müll rausgebracht werden muss. Das ist nicht leicht, denn der Alltag ist ein Beziehungskiller. Und Kinder vervielfachen die Routinen des Alltags so sehr, dass es kaum auszuhalten ist.

Im Laufe des ersten Jahres, nachdem unsere Tochter geboren war, begann ich zu verstehen, warum so viele Eltern es nicht packten und warum dieses kleine Bündel Glück nicht ausreicht, um sie zusammenzuhalten. Es liegt daran, dass man mit einem Kind ständig kleine und große Entscheidungen fällen muss, über die man sich abspricht und streitet. Wir brüllten uns plötzlich an, während das Baby schrie, weil einer der Meinung war, der andere habe etwas falsch gemacht und

deshalb schreie das Baby so. Wir haben geschrien: »Dann mach es doch besser.« Wir waren gestresst und oft überfordert. Wir mussten erst lernen, Konflikte ruhiger und schneller miteinander auszutragen, unsere Positionen und Forderungen deutlich zu machen und es auszuhalten, dass der Partner Dinge auf andere Weise tut.

Das Streitpotenzial lässt sich dadurch reduzieren, dass einer zum Hauptverantwortlichen wird und der andere Verantwortung delegiert, wie es im Arbeitsleben heißt. Doch hier lauert natürlich auch die Gefahr der Entfremdung und des Frusts durch mangelnde Unterstützung. Denn wer bis hier gelesen hat, ahnt: Der Standardfall ist der, dass die Frau die Verantwortung nahezu komplett übernimmt, wodurch sie Konflikte vermeidet und sich und die Beziehung kaputt macht.

Defensive Konflikttaktik

Menschen, die Unzufriedenheiten aushalten und in sich hineinfressen, sind am Ende unglücklicher. Es lohnt sich, auf dem Tisch zu hauen und sich zu beschweren. Denn das ist nicht nur gesünder für den eigenen Gefühlshaushalt, sondern setzt den anderen auch darüber in Kenntnis, dass es ein Problem gibt, das eine Lösung erfordert. Wenig impulsive Menschen wie ich können auch ein paar Tage vor sich hin schmoren, ihren Ärger gut durchkochen lassen und dann das Gespräch suchen.

In unserer Beziehung ist mein Mann derjenige, der Probleme offen anspricht. Ich bin eher diejenige, die Unzufriedenheiten in sich hineinfrisst. Damit bin ich laut Studien zur Paarzufriedenheit eher ein Typ, der die Beziehung gefährdet. Aber ich arbeite daran. Und ich bin nicht allein mit meiner defensiven Konflikttaktik.

Schneide ich auf dem Spielplatz gegenüber einer anderen Mutter das Thema Beteiligung der Väter im Haushalt an, ernte ich regelmäßig eine Lawine von Beschwerden, die aber selten so direkt auch gegenüber den Männern geäußert werden. Grund ist häufig, dass die Frauen nicht die Motzenden sein wollen. Sie wollen nicht meckernd und anklagend durch die Bude laufen und dem Partner die herumliegenden Socken um die Ohren werfen. Zumal es auch das eigene Wohlbefinden einschränkt, verstimmt und klagend durch die Gegend zu poltern.

Natürlich gibt es viele Wege, seinen Missmut kundzutun. Man kann sich zum Beispiel einen ruhigen Moment für solche Gespräche suchen oder vereinbaren, dass Beschwerden schriftlich eingereicht werden. Oder die Partner dürfen in einem festgelegten Zeitrahmen alle Dinge vorbringen, die sie am anderen stören. Nach Ablauf der Zeit kommt der konstruktive Teil und Beschwerden sind verboten.

Schluckt den Ärger nicht runter!

Differenziertere Studien zur Ehezufriedenheit haben ergeben, dass Paare besonders dann unzufrieden werden, wenn die Mutter schon vor der Geburt des ersten Kindes nicht zufrieden mit der Beziehung war. Ein weiteres interessantes Ergebnis stellt einen Zusammenhang zwischen bestimmten Charaktermerkmalen und Zufriedenheit her.

»Die unzufriedenen Mütter zeichnen sich durch Zurückgezogenheit, wenig soziale Orientierung, niedrige Aggressivität und niedrige Erregbarkeit aus. […] Als offenbar förderlich für die Beziehung erwies sich bei Müttern ein hohes Maß an Umbewertung in allgemeinen Belastungssituationen und die erlebte soziale Unterstützung in partnerschaftlichen Belastungsepisoden.«[22]

Es geht den Müttern also besser, wenn sie ihrem Ärger Luft machen und auf diese Weise Unterstützung einfordern und bekommen. Für mich war das ein recht überraschendes Ergebnis. Zurückgezogenheit ist Gift für das Beziehungsklima, klares Benennen von Problemen hingegen heilsam. Das gilt im Übrigen nicht nur für Frauen, sondern auch für Männer.

In der Serie »Modern Love« werden zahlreiche sehr verschiedene Geschichten von Liebesbeziehungen erzählt. In fast jeder Folge geht es aber im Kern darum, dass die Menschen nur dann eine tiefe, befriedigende Bindung zueinander aufbauen oder erhalten, wenn sie Probleme offen ansprechen oder besser gesagt: sich beschweren.

Eine Folge handelt von einem Paar, das sich viel streitet. Beide sind unzufrieden mit der Beziehung. Sie gehen zur Therapie und am Ende, als man schon denkt, sie könnten nur noch auseinandergehen, bringt die Frau ihr Problem auf den Punkt: Sie fühlt sich von den schönen, leichten Aspekten seines Lebens ausgeschlossen und hat dadurch das Gefühl, in der unangenehmen Rolle der mürrischen Verantwortlichen festzustecken. Er schweigt und dann gibt er ihr Recht und entschuldigt sich bei ihr. Das heißt, in diesem Moment sieht er zum ersten Mal ganz klar ihre Not und ihr Problem. Und statt ihr Gefühl abzutun, erkennt er es an, auch seine Schuld daran, und wünscht sich, er könnte es wiedergutmachen. Von da an geht es aufwärts mit ihnen. Sie gehen achtsam und rücksichtsvoll miteinander um und finden zu einem wertschätzenden und liebevollen Umgang zurück.

Apokalyptische Reiter in Beziehungen

John M. Gottmann hat das Äußern von Kritik als einen apokalyptischen Reiter in Beziehungen bezeichnet. Für ihn ist das konstruktive Pendant zu einer Kritik die Beschwerde. Die Kritik verallgemeinert, zielt auf den Charakter des anderen und weist Schuld zu. Die Beschwerde dagegen geht von eigenen Bedürfnissen oder Gefühlen aus und beschreibt die Lage konkret.

Die vier apokalyptischen Reiter in Beziehungen sind:

- Kritik,
- Verachtung (Sarkasmus, Zynismus, Respektlosigkeit),
- Rechtfertigung (eine Reaktion auf Kritik, die gleichzeitig den Partner beschuldigt) und
- Mauern (Abbruch oder Verweigerung der Kommunikation durch Schweigen oder Rückzug).

Die apokalyptischen Reiter ermöglichen es, gefährliche Muster im Umgang mit dem Partner zu erkennen. Besonders wenn man weiß, wie es besser geht. Laut Gottman ist es sehr wahrscheinlich (82 Prozent), dass ein Paar sich scheiden lässt oder trennt, wenn alle apokalyptischen Reiter vorhanden sind.

Ein Kernpunkt bei Gottmann ist, dass kleine Anlässe zum Streit einen tieferen Kern haben. Wenn ein Partner auf die Palme geht, weil der andere ihm ins Wort fällt, könnte es daran liegen, dass er sich allgemein nicht gesehen, respektiert und ernst genommen fühlt. Dann ist es sinnvoller, darüber zu sprechen als über das Ins-Wort-Fallen. Oder wenn der eine Partner Anstalten zum Sex macht und der andere gar keine Lust hat, was den bedürftigen Partner gekränkt zurücklässt, sollte man am besten klarstellen, dass es sich nicht um eine generelle, sondern nur um eine momentane Unlust handelt.

Ich habe mit den Jahren gelernt, dass ich meinem Mann nicht zu jedem beliebigen Zeitpunkt mit bestimmten Problemen kommen kann (andersherum ist es genauso). Weil er einen stressigen Job hat, ist er manchmal zu angespannt und/oder mit anderen Dingen beschäftigt. Ich habe mir angewöhnt, ihn über wichtige Anliegen, die einer Absprache bedürfen, schriftlich, d. h. per Mail oder Nachricht, zu informieren. Zum einen, weil es mir schriftlich leichter fällt, problematische Dinge zu thematisieren, zum anderen, weil er dann selbst über den Zeitpunkt bestimmt, zu dem er sich damit befasst.

 Regeln bei Streitgesprächen

Wenn ihr einige wenige Regeln beachtet, werdet ihr leichter zu einer Lösung finden:

- Kritik nicht verallgemeinern, sondern konkrete Punkte benennen.
- Ein Streit ist kein Wettkampf: Gegenangriffe vermeiden!
- Kritik ernst nehmen und dem anderen Recht geben.
- Statt sofort zu widersprechen, Zeit schinden: »Ich werde darüber nachdenken.«
- Am Ende des Tages sollte es vier Mal mehr positive Kontakte zwischen euch gegeben haben als kritische.

Stellvertreterkriege vermeiden

Am Beispiel von Jane wird deutlich, dass alle kleinen Unzufriedenheiten in einer Beziehung einen Kern haben, den man finden muss.

Jane, 36

Immer guckt er mit ihnen fern!

Es regt mich total auf, dass mein Mann dauernd mit den Kindern fernsieht – viel öfter als ich und eigentlich viel zu viel. Ich würde ihnen ja auch manchmal gern den Fernseher anstellen, damit ich einfach ein bisschen Ruhe habe. Aber sie schauen schon so viel mit dem Papa, da kann ich sie dann nicht auch noch davorsetzen.
Er sucht sich sowieso immer die Rosinen raus und macht mit den Kindern nur Dinge, die sie mögen. Ich dagegen muss mich um die stressigen Sachen kümmern, auf die sie sowieso keine Lust haben wie Waschen, Ins-Bett-Bringen, Anziehen, Füttern. Das ist total ungerecht!

Wenn Jane und ihr Mann anfangen, über das Fernsehen und wie viel erlaubt ist, zu reden, führen sie nur einen Stellvertreterkrieg, der an der Sache vorbeigeht. Jede Einigung, die sie hinsichtlich des Fernsehkonsums ihrer Kinder treffen, würde das Problem nicht lösen, denn darum geht es gar nicht. Jane fühlt sich ungerecht behandelt, weil sie meint, sie müsse die lästigen Dinge erledigen, während ihr Mann nur Schönes mit den Kindern mache. Sie muss das eigentliche Problem ansprechen, wenn sie sein Verständnis und eine Änderung erreichen will.

Emma, 36

Ich fühlte mich erniedrigt

Seit wir zusammenwohnten, unterliefen meinem Partner immer wieder kleine Unachtsamkeiten, zum Beispiel stand er vom Tisch auf, ohne beim Abräumen zu helfen, oder betrachtete Dinge als selbstverständlich, die ich nicht für selbstverständlich hielt. Bis unser Kind da war, konnte ich einigermaßen darüber hinwegsehen. Durch die Mutterrolle fühlte ich mich allerdings sehr eingeschränkt und in mir wuchs der Verdacht, ich sei in den Augen meines Partners nichts wert. Irgendwann platzte ich und es kam zu einem großen Streit, bei dem ich ihm alles Mögliche an den Kopf warf, unter anderem auch, dass ich mich von ihm erniedrigt fühlte. Er wunderte sich sehr, denn so hatte er das noch nie gesehen, verstand aber auch, dass das Problem tiefer lag. Daraufhin änderte er sein Verhalten, bedankte sich regelmäßig für die Dinge, die ich tat, fragte mich, wie es mir gehe und ob er mir helfen könne. Nachdem es mir auch dadurch nicht besser ging, beschlossen wir gemeinsam, dass ich eine Therapie brauchte, um an meinem Minderwertigkeitsgefühl zu arbeiten.

An der Geschichte von Emma wird vielleicht klar, wo die Schwierigkeit liegt: Um das eigentliche Problem hinter den kleinen Ärgernissen zu erkennen, muss man sich selbst oder den anderen schon gut kennen und durchschauen. Manchmal ist das nicht leicht. Und dann braucht es auch noch einiges an Mut, seine Gefühle zum Argument zu machen und sich zu beschweren. Eine deutliche Aussprache ohne Vorwürfe ist an dieser Stelle deshalb von Vorteil, weil Probleme direkt benannt werden und nicht erst auf Umwegen oder nachdem sie sich wochenlang angestaut haben, angesprochen werden und gelöst werden können.

Manchmal hilft auch Lästern

Was auch hilft und Liebende zusammenschweißt, ist das Auskotzen über andere: das Lästern. Sei es über gemeinsame Bekannte, über die Familie, über Freunde oder über Leute im Fernsehen. Wenn man schlecht über andere spricht und sie auslacht für ihre Blödheit und ihre mangelnde Eleganz, hat das den wunderbaren Nebeneffekt, dass man sich selbst besser fühlt, und zwar zu zweit. Während die anderen dumm, hässlich und unfähig sind, sitzen die Lästerer eng aneinandergeschmiegt und freuen sich darüber, dass es Bekannte noch schlechter getroffen haben als sie selbst.

Es handelt sich zweifellos nicht um die edelste Art und Weise von Nähe und Gemeinsamkeit, aber sie hilft. Ich kenne sogar Paare, deren Beziehung nahezu ausschließlich darauf zu basieren scheint, wie lächerlich die anderen Eltern und wie schlecht erzogen, ernährt und gebildet deren Kinder sind.

Charlotte Roche und ihr Mann Martin Keß haben in ihrem Podcast »Paardiologie« etwa darüber gesprochen, dass sie sich immer, wenn sich wieder ein Paar trennt, ein »high five« geben. Es ist dabei ganz egal, ob es sich dabei um ein Paar aus ihrem Bekanntenkreis oder aus der Öffentlichkeit handelt. Diese Offenbarung kommt ihnen jedoch nur unter großer Scham und Gelächter über die Lippen, weil es sich hierbei um ein Ritual reinster, schwärzester Schadenfreude handelt, mit dem sie sich über andere erheben und das Gelingen einer Beziehung zu einem Wettkampf erklären. Die Schäbigkeit dessen ist ihnen völlig bewusst. Sie wissen aber dank jahrelanger Paartherapie, dass Liebe Arbeit an sich selbst und am gegenseitigen Umgang braucht. Deshalb können sie ihre Beziehung auch als Triumph feiern.

Eine Therapie kann helfen

Wenn sich erst einmal ein destruktiver Umgang zwischen Partnern gefestigt hat, ist es schwer, diese Gewohnheiten abzuschütteln. Genauso schwer als müsste man von einem auf den anderen Tag seine Zähne mit der anderen Hand putzen. In solch einer Situation hilft vielen Paaren ein Paartherapeut, diese Muster zu durchbrechen. Durch die Vermittlung eines unbeteiligten Dritten schaffen sie es, lösungsorientierter und weniger vorwurfsvoll zu kommunizieren.

Denn Menschen, die sich täglich sehen und als Eltern über weite Strecken des Tages nur funktionieren, übersehen leicht, wie empfindlich der andere ist, wie ihn jede herablassende Bemerkung, jede Stichelei und das Infragestellen seiner Intelligenz oder der Mühe, die er sich gibt, trifft. Manche Paare brauchen den Beistand eines Unabhängigen, um diese Verletzungen einzugestehen und Probleme ansprechen zu können.

Wenn diese unglücklichen Menschen trotz ihrer verfahrenen Kommunikation keinen Therapeuten aufsuchen, neigen sie unangenehmerweise dazu, ihren angestauten Ärger vor Dritten abzuladen, die dann beschämt von den intimen Streitereien das Weite suchen. Ich habe zum Beispiel eine Tante, die in einer unglücklichen Ehe feststeckt. Bei jeder Familienfeier ruft sie ihrem Mann unangenehme Vorwürfe über den Tisch hinweg zu. Und je später der Abend, desto sicherer kommt sie auf Details ihrer sexuellen Frustration zu sprechen. Leider haben sich die beiden noch nie Hilfe bei einem Therapeuten gesucht. Von ihren Verwandten ernten sie nur Scham und Spott. Trotzdem halten sie es weiter miteinander aus. Es geht ihnen nicht gut, aber sie bleiben.

Wie meine Tante und mein Onkel scheuen sich leider viele Menschen, Hilfe von Psychologen anzunehmen. Zum einen braucht es die Bereitschaft beider Partner, eine Paartherapie anzugehen. Zum anderen herrschen bei vielen Menschen noch immer Vorurteile und Scham bei Problemen vor, die nicht rein körperlicher Natur sind. Vielleicht ahnen sie auch nicht, wie gewöhnlich und behebbar ihre Probleme sind.

Es ist nicht leicht, sich das einzugestehen, aber wir sind alle viel gewöhnlicher, als wir es uns einbilden. Die meisten Paare haben erstaunlich ähnliche Probleme. Doch Konfliktlösung lässt sich lernen. Auch die Kommunikation ohne Anschuldigungen und Beleidigungen ist kein Geheimnis. Man muss nur bereit sein, an sich und an der Beziehung zu arbeiten.

Es gibt wissenschaftliche Beobachtungen, dass das Schlechte weit schwerer wiegt als das Gute. Achtet deshalb darauf, dass ihr vier Mal mehr positive Kontakte zu eurem Partner habt als negative. Partner, bei denen die schönen und angenehmen Begegnungen um mindestens ein Vierfaches die kritischen übertrafen, waren zufrieden mit ihrer Beziehung. Ist das Verhältnis eins zu eins, waren die Partner unglücklich.

Wenn die Alternativen zu therapeutischer Hilfe eine verkorkste und unglückliche Ehe oder eine Trennung sind, dann würde zumindest ich den ersten Weg wählen. Resignieren und Trennen kann man sich im Zweifel immer noch.

 Beziehungstipps

- Auch wenn es wehtut, ist es sinnvoll: Sagt dem anderen, was euch verletzt hat oder was euch nervt. Das gilt allerdings nur für Dinge, die veränderbar sind. Über alles andere solltet ihr großzügig hinwegsehen.
- Konzentriert euch dabei auf den Kern des Problems und gleitet nicht in Stellvertreterkriege ab.
- Freundliches Kommunizieren lässt sich erlernen, muss aber lange geübt werden, bevor es richtig sitzt.
- Der Lohn ist jedoch alle Mühe wert: Verständnis und Nähe.

Körperliche Nähe gehört dazu

Neben dem Reden ist aber auch die nonverbale Kommunikation zwischen Partnern wichtig. Sie ist es schließlich, die eine Partnerschaft von einer Freundschaft unterscheidet. Eine Partnerschaft braucht Zärtlichkeit. Menschen, die regelmäßig berührt werden, sind glücklicher und gesünder. Partner versichern sich damit gegenseitig, dass sie als ganze Person angenommen werden, mit all ihren Fehlern und Eigenheiten. Ein Akt der Zärtlichkeit ist ein Akt der Versöhnung, der signalisiert: »Du bist im Grunde ganz wunderbar, auch wenn du manchmal ein Schwein, ein Trottel/eine Idiotin/ein unerträglicher Besserwisser bist.«

Phasen mangelnder Zärtlichkeit, wie sie mit Babys häufig vorkommen, sind deshalb manchmal schwierig und besonders für den Partner, der eine weniger enge Beziehung zum Kind pflegt, schwer zu ertragen. Hier helfen Geduld und die Aussicht darauf, dass es besser wird. Aber auch die Äußerung von Begierden kann helfen, Missverständnisse zu beseitigen. Zum Beispiel: »Du fehlst mir.« Oder: »Ich freue mich schon auf den Auszug der Kinder, um wieder mehr mit dir allein zu sein.«

Solche kleinen Sehnsuchtsbekundungen tun gut, wenn sie den anderen nicht bedrängen oder als Vorwurf formuliert sind. Denn Menschen, die unter großem Druck stehen, reagieren oft empfindlich auf noch mehr Druck und Erwartungen. Zielführend ist es an dieser Stelle, wie fast immer in der Kommunikation, positiv und konstruktiv Probleme zu benennen. Statt: »Immer kümmerst du dich um das Kind, nie um mich« oder »Immer rennst du vor mir davon«, solltet ihr besser Dinge sagen wie: »Komm doch mal her«, »Wie wäre es, wenn ich das nachher mache und du setzt/legst dich kurz zu mir?«

Wenn die Versicherung etwa in Form von Küssen, Umarmungen und Sex über einen längeren Zeitraum ausbleibt, kann das zu Frust und Enttäuschung führen, die die Beziehung gefährden.

Affären sind keine Lösung

In vielen Ehen verschwindet der Sex einfach. Ich kenne mehrere Paare, die seit Jahren nicht mehr miteinander geschlafen haben. Es war kein bewusster Entschluss, es hat sich vielmehr eingeschlichen und mit der Zeit wurde es für beide immer schwieriger, die Hürde zu nehmen, auf einander zuzugehen, sich verletzlich zu machen und eine Abweisung zu riskieren.

Manche Partner lösen das Problem damit, dass sie sich eine Affäre suchen oder mehrere. In der heutigen Zeit und durch entsprechende technische Möglichkeiten wie Apps und Partnerportale sind andere Sexualpartner so zugänglich und verfügbar wie noch nie zuvor in der menschlichen Geschichte. Solche Affären sind in manchen Fällen vielleicht die Lösung des Problems. Wenn man allerdings davon ausgeht, dass beide Partner sexuelle Bedürfnisse haben und sich lieben, wäre es natürlich am einfachsten und ungefährlichsten, wenn sie dieses Bedürfnis miteinander befriedigten. Doch dazu müssen sie lernen, zu kommunizieren. Mit ihrer Stimme und mit ihrem Körper.

Beziehungstipps
- Vielleicht ist es tröstlich zu wissen, dass Kinder bei fast allen Paaren zu weniger Sex und Zärtlichkeit führen.
- Oft ist das für mindestens einen Partner ein Problem und ihr solltet möglichst offen darüber sprechen.
- Wenn du keine Lust auf Nähe hast, formuliere und erkläre deine Abweisung möglichst schonend und situativ, damit der andere sich nicht als Mensch abgelehnt fühlt.
- Vielleicht hilft es euch über weniger zärtliche Phasen hinweg, wenn ihr euch auf andere Weise versichert, dass ihr euch schön und attraktiv findet.
- Affären verschieben das Problem und lösen es nicht wirklich. Sie machen die Dinge meist nur komplizierter.
- Versucht in Zeiten mangelnder Zärtlichkeit andere Formen der Nähe zu finden.

Keine Lust auf Sex?

Sex ist ein natürliches, menschliches Bedürfnis und wichtiges Mittel der Kommunikation zwischen Partnern. Wir versichern uns damit gegenseitig, dass wir okay sind, dass wir den anderen annehmen, wie er ist, und selbst angenommen werden. Als ganzer Mensch. Das macht sexuelle Beziehungen so wichtig und wertvoll für uns. Während in anderen Lebensbereichen immer nur Teile der Persönlichkeit oder einzelne Fähigkeiten gelobt und geschätzt werden, etwa im Beruf oder durch Freunde, werden wir im Bett als ganzer Mensch mit all unseren Eigenschaften umarmt und verschmelzen im besten Fall gefühlt zu einer warmen Suppe. Fällt diese Form der Bestätigung weg, kann das zum Problem werden.

Spuren der Geburt

Die Zeiten der Schwangerschaft, der Geburt und des Stillens sind für viele Frauen Phasen reduzierter Lust. Das kann man bedauern, aber nicht ändern. Frauen brauchen nach einer Geburt einfach Zeit, um sich in ihrem Körper wieder wohlzufühlen.

Eine besondere Belastung stellen dabei Geburtsverletzungen wie Dammschnitte oder -risse und Kaiserschnittnarben dar. Außerdem ist nach einer spontanen Geburt die Vagina wund und brennt beim Pinkeln. Diese Verletzungen heilen zwar innerhalb weniger Wochen, trotzdem wird dadurch der Intimbereich für eine Zeitlang zur Problemzone, die sich nicht nur kurzfristig negativ auf die Lust auswirkt.

Hinzu kommen Mythen einer durch die Geburt gedehnten oder »ausgeleierten« Vagina, denen es allerdings an einer realen Basis mangelt. Bei dem relevanten Teil handelt es sich um Muskelgewebe, das sich unter der Geburt auf das Zehnfache dehnen kann und sich nachher wieder zusammenzieht. In den Monaten nach der Geburt bildet sich der Beckenboden zurück und wird dank gezielter Übungen etwa im Rückbildungskurs wieder straffer. Es gibt also keinen wirklichen Grund, sich für seine Vagina nach der Geburt zu schämen.

Natürlich gibt es subjektive Gründe, die weit schwerer wiegen als Tatsachen. Viele Frauen empfinden sich durch zusätzliche Schwangerschaftspfunde als dick und unattraktiv. Das Gewebe im Bauchbereich ist nach der Geburt sehr weich und muss sich erst wieder festigen. Das anfängliche Stillen war bei mir von stärkerem Schwitzen begleitet. Zudem lief ständig Muttermilch aus den Brüsten und ich hatte starken Wochenfluss. Das kann man sexy finden, ich fand es einfach nur lästig. In der Zeit um die Geburt herum ist also wochenlang nicht viel los.

Allerdings halte ich die Spuren der Geburt eines Kinds nicht für echte Makel. Sie gehören zur eigenen Geschichte und zum Wunder eines neuen Lebens dazu und sollten mit eben solchem Stolz getragen werden wie Kriegsverletzungen. Du brauchst keine Schönheitswettbewerbe gegen das Idealbild einer kinderlosen Zwanzigjährigen auszufechten. Denn ohne die Spuren der Schwangerschaft und der Geburt wärst du um eine seltene und außergewöhnliche Erfahrung ärmer. Die Zeichen dieser Lebensphase und auch die Falten, die die schlaflosen Monate und Jahre in die Gesichter junger Eltern malen, sind Teil dieses Abenteuers, das ein neuer Mensch bedeutet. Perfektionismus ist hier wirklich fehl am Platz.

Weitere Gründe für mangelnde Lust

Bei Müttern, die stillen, kann mangelnde Lust auch mit den Hormonen zusammenhängen. Die erhöhte Ausschüttung von Prolaktin während des Stillens hemmt nachweislich die Libido der Frau.

Viele Mütter in meinem weiteren Bekanntenkreis empfinden nach dem ersten Kind Sex als eher lästig, als ein Bedürfnis des Mannes, das sie befriedigen sollten, um dem Mann einen Gefallen zu tun. Ich wundere mich über solche Äußerungen immer und hoffe für die Beteiligten, dass es sich um unangebrachte Ziererei handelt. Ich habe gern Sex, vielleicht auch, weil es in unserer Partnerschaft dazugehört, dass ich befriedigt werde. Wenn das allerdings nicht selbstverständlich ist, sondern der Mann wie in einem schlechten Witz den Sex als eine Art Ventil benutzt, während die Frau gelangweilt und etwas angeekelt stillhält, verstehe ich, warum Frauen am liebsten ganz darauf verzichten würden. Doch in diesem Fall ist nicht das Kind der Grund für die Unlust, sondern das Problem ist ein anderes.

Die Welt dreht sich nur noch um das Baby

Bei jungen Müttern setzt aufgrund der starken körperlichen Nähe zum Säugling häufig ein Sättigungseffekt ein. Der kleine, warme Körper klebt praktisch den ganzen Tag an ihnen. Da sind weitere nach Nähe suchende Körper schnell störend. Die größtmögliche Nähe entsteht beim gemeinsamen Erleben des Wunders, aber auch der Erschöpfung, die so ein Säugling bedeutet. Aber wenn der Partner weiterhin zehn Stunden am Tag außer Haus ist, bedeutet das zwangsläufig einen gewissen Abstand. Und wenn dann das Gefühl hinzukommt, unverstanden zu sein oder nicht gesehen zu werden, droht der Rückzug.

In der Zeit, als ich über mehrere Stunden täglich von meinem Baby angeschrien wurde und nie länger als zwei Stunden am Stück schlief, bekam ich einmal Besuch von einer Freundin, die mir seit Monaten von ihrer On-off-Beziehung erzählte. Sie führte aus, dass er sich wieder zwei Wochen lang nicht gemeldet habe, und wenn sie dann zusammen seien, sei er so toll und verbindlich und was das denn nun alles bedeuten sollte und so weiter. Als sie mir die aktuellen Ereignisse dieses Dilemmas erzählte, merkte ich, wie mein Gehirn sich abschaltete. Ich konnte ihre Probleme mit diesem unentschlossenen Freund nicht mehr ernst nehmen. Es fiel mir sogar schwer, zuzuhören. Angesichts meines Babys, das ich mit derselben Mischung aus Angst und Vorsicht behandelte wie ein Bündel Dynamit, um Schreiorgien zu vermeiden, und angesichts meiner bodentiefen Müdigkeit wurde ihr Liebesleben zu einem Witz für mich. Genauso irgendwelche Spannungen unter Kollegen im Büro meines Mannes, die aktuelle Bundestagswahl oder die Kritiken einer Opern-Uraufführung.

Genau diese Versunkenheit in die elementaren Bedürfnisse eines Babys ist es, die den Abstand zu anderen Erwachsenen – und dazu gehört leider auch der Partner – vergrößert. Plötzlich fällt es schwer, das nötige Interesse für Politik, Kunst und die Sorgen des anderen aufzubringen. Die Versorgung eines Babys ist vergleichbar mit einem permanenten Ausnahmezustand, weil man einfach nur mal wieder schlafen will und weil es über Monate anstrengend und kraftraubend ist, sich andauernd in die Bedürfnisse und Stimmungslagen des Babys hineinzuversetzen, um zu versuchen, ihm gerecht zu werden.

Wie ihr seht, handelt es sich leider oft nicht nur um ein paar Wochen reduzierter Lust, sondern häufig um Jahre. Und in diesen Jahren gewöhnen sich die Partner an die mangelnde Nähe. Wenn sie es dann nicht schaffen, über ihre Bedürfnisse zu sprechen, stauen sich Kränkungen an und beide ziehen sich immer weiter voreinander zurück.

Über Sex reden

Grundsätzlich sollten Erwachsene möglichst offen mit sexuellen Themen, Bedenken und Sorgen umgehen. Nicht nur Eltern, sondern alle. Auch wenn es schwerfällt: Offenheit zahlt sich besonders bei schwierigen oder als peinlich empfunden Themen aus. So kann etwa nur ein Partner, der um eventuelle Unsicherheiten oder Scham seines Gegenübers weiß, ihm oder ihr das Gegenteil vermitteln oder Sachen machen, die der andere toll findet. Eine der größten Gefahren von Eltern ist wahrscheinlich, dass sie sich als Partner nicht mehr attraktiv oder begehrt fühlen. Es erfordert viel Mut, das zu sagen. Es ist auch schwer, wieder auf den anderen zuzugehen, wenn die Lust eingeschlafen ist, denn man macht sich verletzlich.

Besonders schwierig ist es, nach Sex zu fragen. Deshalb tun wir das meist indirekt. Mit Berührungen, mit Streicheln oder Küssen. Indirekte Abweisungen durch Wegdrehen oder Nicht-darauf-Eingehen sind genauso schmerzlich wie ihre verbale, direkte Variante. Einige Paare, wie etwa Charlotte Roche und ihr Mann es in ihrem Podcast »Paardiologie« verraten, umgehen das Problem der drohenden Abweisung und die damit einhergehenden Verletzungen, indem sie sich zum Sex verabreden. Das kann verbal erfolgen oder per Nachricht. Sie schätzen die Klarheit, die eine solche Vereinbarung auf beiden Seiten bedeutet, und vermeiden unsicheres Vortasten und gekränkte Gefühle. Ein anderes Paar, das es ähnlich hält, sagte sogar: Anders wäre es bei uns wegen der Kinder überhaupt nicht möglich. Voraussetzung ist jedoch, dass auch Frauen offen zu ihren Bedürfnissen stehen und bereit sind, sie klar zu kommunizieren.

Eine Bekannte hat sich in meiner Gegenwart einmal sehr abfällig über Oralverkehr geäußert. Ihr Mann hatte sie mehrfach darum gebeten, doch sie weigerte sich, den Penis ihres Mannes in den Mund zu nehmen (eine Praxis, von der ich annahm, sie sei üblich und weit verbreitet). Und sie nannte nicht etwa ihr Unwohlsein dabei als Grund, sondern behauptete, dass man davon Krebs bekomme. Nachdem ich erst einmal laut gelacht hatte, recherchierte ich und fand heraus, dass es aufgrund von HPV ein minimal erhöhtes Risiko gibt, an Krebs im Mund- und Rachenraum zu erkranken (eine ohnehin recht seltene Krebsart). Der Verdacht liegt nahe, dass sie nach objektiven Ausflüchten sucht, um einer Sache zu entgehen, der sie subjektiv nichts abgewinnen kann. Statt offen über ihre Abneigung zu sprechen, findet sie knallharte Gründe, die dagegensprechen.

Diese kleine Episode ist symptomatisch dafür, dass Frauen oft kein Vertrauen in ihre Gefühle haben. Sie haben nicht ausreichend gelernt, dass ihr Empfinden Bedeutung hat und Argument genug ist.

Kein Vertrauen in die eigenen Gefühle

Ein weiteres Beispiel dafür sind die zum Klischee verkommenen Ausreden von Frauen, wenn sie keinen Sex haben wollen (Menstruation, Kopfschmerzen usw.). Natürlich muss es völlig ausreichen, wenn sie ihrem Mann sagt: »Das will ich nicht, denn ich mag es nicht.« An dieser Stelle hat sich in den letzten Jahren durch die Me-Too-Debatte einiges getan, sodass es inzwischen ein stärkeres öffentliches Bewusstsein für die sexuelle Selbstbestimmung von Frauen gibt.

Doch wie an anderer Stelle bereits ausgeführt, ist die Baby- und Kleinkindzeit für viele Frauen eine Zeit des mangelnden Selbstvertrauens. Und da fällt es ungleich schwerer, seine Bedürfnisse zu erkennen und für sie einzustehen.

Kinder verhindern Sex

Für die meisten jungen Eltern ist es schwer, Zeit zum Sex zu finden. Gewöhnlich stehen nur die späten Abendstunden zur Verfügung, in denen mindestens ein Partner hundemüde ist. Abträglich ist es auch, wenn das Kind mit im Bett oder im Raum schläft, wie in den beliebt gewordenen Familienbetten. Dann gibt es immer die Befürchtung, es könnte von den Geräuschen wach werden oder von dem, was es dann zu sehen bekommt, für immer verstört sein. Wenn Kinder älter sind, droht die Gefahr, dass sie ins Zimmer kommen und dem Geschehen ein verschämtes Ende setzen. Bei Tag und bei Nacht.

Als bei uns die Luft zuweilen unverhofft nach Frühling schmeckte, setzten wir die Kinder manchmal vor den Computer, der leider regelmäßig bedient werden muss. Also gibt es auch hier die Gefahr der Unterbrechung. Und natürlich ist es nicht ganz leicht, sich leidenschaftlich hinzugeben, wenn ein Ohr immer auf das eventuelle Getrippel kleiner Füße horcht.

Beziehungstipps

- Um euch in Zeiten reduzierter Lust nicht zu verlieren, führt Rituale ein, um euch eure Wertschätzung zu zeigen und euch nahe zu sein.
- Formuliert Bedürfnisse und Abneigungen möglichst offen.
- Nehmt die Äußerungen eures Partners ernst, auch wenn ihr im Moment nicht in der Lage seid, seine Wünsche zu befriedigen.
- Vielleicht hilft es euch, wenn ihr euch zum Sex verabredet, um die winzigen Zeitfenster, die angesichts kleiner Kinder dafür zur Verfügung stehen, auszunutzen.
- Vertraut euren Gefühlen und Neigungen. Sie reichen als Argument völlig aus.
- Spuren von Schwangerschaft und Geburt sollten wie Trophäen behandelt werden und bieten keinen Anlass zur Scham.

Begierde braucht Abstand

Vor der Geburt des ersten Kindes machen wir uns normalerweise keine Vorstellung davon, wie lange es tatsächlich dauert, bis das Kind durchschläft, allein schläft, nicht mehr ständig Körperkontakt braucht, nicht mehr getragen werden muss, nicht mehr gestillt wird und so weiter. Dass es Jahre sind, ist für die meisten Eltern überraschend.

Die Einschränkungen der sexuellen Aktivität der Eltern dauert durchschnittlich die fünf ersten Jahre nach der Geburt an. Nach fünf Jahren aber ist bei vielen Paaren ein gewisser Abstand bereits zur Normalität geworden und es fällt ihnen schwer, die unsichtbare Mauer zu durchbrechen, wenn die Kapazitäten für Zärtlichkeit wieder frei sind. Hinzu kommen zahlreiche kleinere oder größere Verletzungen und Enttäuschungen, die sich zwischen den Partnern angesammelt haben. Nicht jedem ist es gegeben, großzügig und geduldig darüber hinwegzusehen.

In meinem Bekanntenkreis schlafen fast alle Paare, die schon lange zusammen sind, nur noch recht wenig miteinander. Für manche ist das vollkommen in Ordnung, für manche nicht. Es ist jedoch recht unwahrscheinlich, dass beide Partner gleich zufrieden mit sehr wenig Sex sind. Im Standardfall sind es die Männer, die unzufriedener sind und sich über kurz oder lang eine Affäre zulegen.

Von einer Freundin weiß ich, dass sich auf Dating-Portalen zahlreiche Väter tummeln, die ganz offen auf der Suche nach einer körperlichen Beziehung neben ihrer Frau sind. Sie lieben ihre Frau und stellen auch klar, dass sie sich nicht trennen wollen, bekommen aber nicht das, was sie sich wünschen, und sind bereit, es sich woanders zu holen. Was auf den ersten Blick nach einer guten Lösung aussieht, hat auf längere Sicht das Problem, dass wir alle keine Maschinen sind und Gefühle nicht so eindeutig sind, wie behauptet wird. Aus einer Affäre kann ganz schnell die Erkenntnis erwachsen, etwas zu verpassen, etwas Besseres zu verdienen oder einfach sehr viele weitere Möglichkeiten zu haben. Und das gefährdet früher oder später natürlich die Partnerschaft.

Wenn Vertrauen zwischen Partnern vorhanden ist und die Möglichkeit, ehrlich über Bedürfnisse zu sprechen, dann ist es auch möglich, Wege zu finden, eine langjährige Beziehung wieder reizvoller zu machen. Doch wie bekommt man das hin?

Stress und Sicherheit

Ein Grund für das Abnehmen der Lust ist Stress. Eltern hetzen zwischen den Verpflichtungen und Belastungen von Berufstätigkeit und Kindern hin und her. Für viele Eltern gibt es immer Wichtigeres zu tun, als sich dem Partner zu widmen. Es fällt ihnen schwer, das Chaos aus Legosteinen und Plüschtieren zu übersehen und übereinander herzufallen. Das zumindest ist der Grund, den Eltern selbst angeben, wenn es um eine Erklärung für mangelnde Leidenschaft geht.

Die Paartherapeutin Esther Perel hat für das Nachlassen der Libido eine andere Erklärung. Nach ihrer jahrelangen Erfahrung lässt sich das Nachlassen der Lust zwischen Partnern in längeren Beziehungen oft damit erklären, dass die Sicherheit viel Raum einnimmt. Besonders mit Kindern geht es Paaren oft darum, eine Atmosphäre von Sicherheit, Vertrauen und Behaglichkeit zu schaffen.

Nach einer heißen Phase des Kennenlernens, in der es darum ging, Distanzen zu überwinden, Gemeinsamkeiten zu erkennen und herzustellen, folgt eine Zeit der Verschmelzung, in der wir uns unserer Treue versichern und ein behagliches Nest bauen, um Eier zu legen. Denn wenn Kinder ins Spiel kommen, kommt der Treue meist ein besonders hoher Wert zu. Die künftigen oder jungen Eltern versichern sich also gegenseitig auf vielfältige Art und Weise, dass sie beieinanderbleiben werden, egal was kommt. Das ist sinnvoll, denn die Aufgaben rund um Kinder will kaum jemand freiwillig allein bewältigen. Um diesen Schritt zu gehen, brauchen wir Vertrauen in die Beständigkeit einer Beziehung.

Mit einem gemeinsamen Serienmarathon versichern sich Partner einander Treue und gemeinsamen Humor, aber sie stehen kaum in Flammen. Perel schreibt dazu:

»Familienleben gedeiht in einer von Behaglichkeit und Solidität geprägten Atmosphäre. Erotik aber verlangt nach Überraschung, Spontaneität und Risikobereitschaft. Wiederholung, Gewohnheit und Regeln verwandeln sie in Langeweile, im Extremfall sogar in Ekel. Sex, der große Wegbereiter zum Kontrollverlust, steckt voller Ungewissheit und Verwundbarkeit. Sind aber Kinder im Haus, nimmt unsere Toleranz für solche destabilisierenden Emotionen drastisch ab. Vielleicht ist dies auch der Grund dafür, dass sie so häufig an den Rand des Familienlebens gedrängt werden. All das, was Erotik ausmacht, wird zugunsten der Familie abgewehrt.«[23]

Ungewissheit und Distanz

Um Lust aufeinander zu empfinden, brauchen wir aber Ungewissheit und Distanz. Deshalb ist auch Versöhnungssex so gut, weil wir vorher die Hürde der gegenseitigen Verletzung nehmen müssen. Plötzlich ist es nötig, dass wir uns anstrengen, denn der Boden, auf dem wir uns bewegen, ist wieder wacklig. Wie am Anfang einer Beziehung benötigt die Lust einen Moment der Unsicherheit und eine Kluft, die überwunden werden muss. Deshalb ist der Anfang einer Beziehung so reizvoll. Keiner weiß mit Gewissheit, ob er gewollt ist und wie sehr oder wie lange. Wie der andere reagiert, wenn man die Hand nach ihm ausstreckt, um ihn näher an sich zu ziehen, ist unklar. Das macht den Reiz aus, deshalb kribbelt es im Bauch.

Das Kennenlernen und das Überwinden der Distanz geht bei manchen Paaren so weit, dass sie schließlich überzeugt sind, seelenverwandt zu sein und trotz ihrer unterschiedlichen Leben eine sehr große Schnittmenge und einen nahezu identischen Blick auf die Welt zu haben. Sie lassen kaum Unterschiede zu und verlangen totale Transparenz vom anderen. Wahrscheinlich kennt jeder solche Paare, die wie aus einem Mund sprechen und die sich mit seltsamer Strenge gegenseitig überwachen, die die Passwörter des anderen kennen, die fragen: »Was denkst du gerade?«, die darauf bestehen, dass der Partner beim Sex und beim Masturbieren ausschließlich an sie denkt oder die vielleicht sogar Selbstbefriedigung als Verrat empfinden.

Aus dieser Verschmelzung entsteht mit der Zeit oft eine Vertrautheit, die nicht nur emotional erdrückend sein kann, sondern auch die Libido hemmt. Wir kennen den anderen so gut wie uns selbst und wie mit uns selbst ist es auf lange Strecken mit dem anderen langweilig, da es keinen Raum für Spannungen gibt.

Muttermythos

Einen weiteren Punkt sieht Perel im Muttermythos, der von der Frau Aufopferung und das Leugnen eigener Bedürfnisse zugunsten der Kindespflege erwartet. Die lustbetonte Mutter, die ihren Willen durchsetzt und etwa ihr Kind früh in fremde Hände gibt oder auf Partys geht, ist verpönt und gilt als egoistisch. Und hier setzt das Problem der Lust ein: Die Übermutter, deren Bedürfnisse mit denen des Babys verschmelzen, ist im Grunde asexuell. Denn Lust setzt ein gewisses Maß an Egoismus voraus. Es geht neben der Befriedigung des anderen auch darum, sich selbst Lust zu verschaffen. Doch jede Mutter weiß, dass Egoismus eine heikle Angelegenheit ist, durch die sie schnell in Verruf geraten kann. Die gute Mutter ist Mythen zufolge die, die ihre Bedürfnisse am besten zurückstellen kann.

Deshalb haben manche Männer auch Schwierigkeiten, mit ihrer Frau zu schlafen, wenn ein Kind da ist. Weil das Bild der heiligen Mutter zu tief verwurzelt und nicht mit erotischen Phantasien vereinbar ist. Diese Schizophrenie ist bekannt als das Heilige-Hure-Schema, nach dem es nur diese zwei Sorten von Frauen gibt. Um solche Bilder zu überwinden, muss man sie zunächst erkennen und es braucht von beiden Seiten Verständnis und Fingerspitzengefühl.

Das Wiederentdecken der Lust

Doch wie schafft man es nach 15 Jahren gemeinsamen Jahren, in denen man den anderen mit Magen-Darm-Infekt erlebt hat, in denen man zu fast jeder Mahlzeit Absprachen trifft und im selben Bett schläft, Distanz zu schaffen?

Was den meisten Partnern dabei hilft, die Lust aufeinander wiederzuentdecken, sind persönliche Weiterentwicklung und die Stärkung ihrer Unabhängigkeit. Das ist in erster Linie der Wiedereinstieg in den Beruf nach der Elternzeit, aber auch das Ausüben von Hobbys ohne den Partner oder der Kontakt zu eigenen Freunden. Das können abendliche Treffen sein oder einfach das Schaffen eines Raums für Unsicherheiten wie das beiläufige Erwähnen eines harmlosen Flirts.

Mein Mann kann sich für sehr spezielle geschichtliche Details begeistern, etwa Militärgeschichte. Das ist ein Bereich, an den ich überhaupt nicht anknüpfen kann und möchte. Aber es beeindruckt mich trotzdem, wenn er sein Wissen über Flottenstärken und verschiedene Arten von Panzern offenbart. Nicht, weil ich es für spannend halte, sondern weil es mir zeigt, dass es einen Bereich in seinem Leben gibt, zu dem ich keinen Zugang habe, von dem ich ausgeschlossen bin. Es ist die Differenz zwischen uns, die sich in diesen Momenten offenbart und die ihn reizvoller und geheimnisvoller für mich macht.

Bei einer Bekannten beobachtete ich, dass sie Tinder nutzt. Ich fragte, ob sie und ihr Mann getrennt seien. »Nein«, sagte sie »das ist nur zum Spaß. Ich gucke nur.« Ich fand das irritierend. Nicht nur gegenüber ihrem Mann, sondern auch gegenüber denen, die tatsächlich auf der Suche nach Partnern waren und denen sie eventuell falsche Hoffnungen machte. Aber wahrscheinlich diente es für sie dazu, sich attraktiver zu fühlen und vielleicht auch, um ihren Mann eifersüchtig zu machen. Doch selbst wenn er nichts davon wusste, war ihr Auftreten ihm gegenüber vermutlich ein anderes als das der braven Mutter seiner Kinder, die nie auch nur einen Seitenblick riskiert.

Nach Jahren der Ehe, in denen jeder mehr oder weniger in seinem Hamsterrad steckt, kann ein Flirt oder das Nutzen von Datingportalen hilfreich sein, um sich wieder als ganzer Mensch mit sexuellen Bedürfnissen und einer gewissen Attraktivität zu fühlen.

Eifersucht kann helfen

Charlotte Roche und Martin Keß führen eine offene Beziehung, um sich auch sexuellen Erfahrungen außerhalb ihrer Ehe nicht zu verschließen. Sie hatten bereits Sex zu dritt, Tantra-Massagen und Affären. Es ist nicht leicht für sie, das Wissen um solche Vorkommnisse auszuhalten und das nötige (Selbst-)Vertrauen aufzubringen, um sich dadurch nicht erniedrigt zu fühlen, aber die Freiheit ist ihnen wichtiger.

Die Bedrohlichkeit, die dadurch entstünde, wäre allerdings für viele Paare, unter anderem auch für mich und meinen Mann, schwer zu ertragen. Deshalb ist dieses Modell, wenn auch viel besprochen, für die wenigsten Paare attraktiv. Es gibt jedoch weit harmlosere Methoden, ein wenig Eifersucht zu erzeugen und sich dadurch der eigenen Attraktivität und der des Partners zu versichern.

Bei einer Bekannten war es so, dass ihr Mann ihr eine Zeit lang zu nett war. Er war rücksichtsvoll, verständnisvoll und hat ihre Bedürfnisse nach Abstand respektiert. Sie wusste das zu schätzen, fand es aber auch langweilig und wurde unzufriedener. Dann allerdings erhielt ihr netter Mann einen Anruf von seiner Ex-Frau. Sie bat ihn um Hilfe in einer technischen Angelegenheit und weil er so nett ist, hat er ihr geholfen. Zwei Wochen später kam per Post ein Dankespäckchen mit Kaffeespezialitäten und selbstgemachten Marmeladen. Als er recht beiläufig erklärte, woher das Päckchen kam, sprang das Feuer in ihr wieder an. Nach einer kurzen Episode des Eingeschnapptseins fing ihr netter Mann wieder an zu leuchten.

Victoria, 43

Ein anderer Mann ist auch nicht besser

Ich bin seit sieben Jahren mit meinem Mann verheiratet und irgendwie ist unsere Beziehung eingeschlafen. Ich fand ihn so langweilig, dass ich eine Affäre mit einem Arbeitskollegen begann. Es war wunderbar, dass ich begehrt wurde und mich heimlich und von Lügen gedeckt mit einem interessierten und werbenden Mann traf. Ich hatte sogar das Gefühl, meine eingeschlafene Partnerschaft nur aufgrund dieser Affäre ertragen zu können.

Aber nach einer Zeit war die erste wilde Hitze vorbei und ich empfand zwei Männer in meinem Leben als fordernd und zeitraubend. Ich musste mich für einen entscheiden. Es war absehbar, dass es mit dem neuen Mann bald auch wieder die alten Probleme geben würde. Und was würde es für unser gemeinsames Kind bedeuten, wenn wir uns trennten? Ich überlegte hin und her und sah schließlich wieder die Vorzüge meines Mannes. Deshalb beendete ich die Liebschaft, wechselte in ein anderes Büro und weiß nun wieder zu schätzen, was ich habe. Unsere Beziehungsprobleme sind noch immer da, aber ich arbeite daran, dass wir wieder mehr miteinander reden und gemeinsam etwas unternehmen. Allerdings bin ich mir sicher, dass unsere Beziehung beendet wäre, wenn mein Mann von meiner Affäre erführe.

Eifersucht ist immer nur in Maßen ein gutes Mittel, um die Beziehung zu beleben, denn die Schmerzgrenzen verlaufen an dieser Stelle sehr individuell. Wenn Partner offen über ihre Gefühle sprechen können, ist es leichter, die Grenzen des anderen auszuloten.

Krisen bewahren uns vor dem Stillstand

Man kann Krisen in einer Partnerschaft und die eigene Bedürftigkeit auch positiv betrachten, denn sie zwingen uns, uns selbst zu hinterfragen, uns in regelmäßigen Abständen neu zu erfinden und uns weiterzuentwickeln. Auch Charlotte Roche hat Jahre und mehrere Therapien gebraucht, um ihre krankhafte Eifersucht in den Griff zu bekommen. Solche Krisen bewahren uns vor dem Stillstand, wenn wir uns ihnen stellen und nicht in die nächste Beziehung flüchten, wodurch wir das Problem einfach nur verschieben.

Mein Mann gewinnt an Reiz für mich, wenn ich ihn mit anderen zusammen erlebe und wenn er in seiner Rolle als Vater aufgeht. Es hat jedoch Zeiten gegeben, in denen mein Blick dafür verstellt war. Phasenweise blieb mein Blick nämlich im Detail stecken. Ich sah in ihm dann den, der immer Haare in der Dusche lässt und die Milch beim Einkauf vergisst, der zu lange braucht, um aus dem Bett zu kommen, und nichts von dem sieht, was zu erledigen ist. Bei all diesen leidigen und vertrauten Details verlieren wir leicht den Blick für das größere Ganze und damit auch für die Gründe für das Zusammensein.

 Beziehungstipps

Wie findet ihr nach einer längeren Phase mit wenig Zärtlichkeiten wieder zueinander?

- Der erste Schritt aufeinander zu erfordert Überwindung und macht dich verletzlich. Vielleicht braucht ihr auch mehrere Anläufe. Aber es lohnt sich.
- Gib die Behaglichkeit und Sicherheit zumindest ein Stück weit auf, um eure Beziehung mit ein wenig Unsicherheit zu würzen.
- Richtet Zeiten füreinander ein, in denen ihr nicht über Kinder oder Alltag sprecht.
- Um den für die Erotik nötigen Abstand herzustellen, stärkt ihr am besten eure Autonomie, unternehmt öfter etwas mit Freunden, verreist allein und pflegt Hobbys, mit denen der andere nichts anfangen kann. Lasst Freiräume zu.

- Da Stress neben allzu viel Sicherheit der Lust abträglich ist, sucht im Alltag nach Lösungen, um euch zu entspannen und zu erholen.
- Öffne für dich und deinen Partner den Raum für Eifersucht. Allerdings ist das eine recht individuelle Gratwanderung, bei der es auf das richtige Maß ankommt.
- Betrachte Beziehungskrisen und Flauten als einen Anlass, deinem Partner wieder näherzukommen, an dir zu arbeiten und dich um den anderen zu bemühen.

Humor macht das Leben angenehmer

Eltern sollten es nicht allzu genau nehmen. Verschreibt euch nicht dem Perfektionismus und beharrt nicht unnötig auf euren Prinzipien. Es ist anstrengend und macht das Leben weniger schön. Wer immer alles richtig machen will, wird mit der Zeit ein unerträglicher Pedant und ist darüber hinaus permanent unzufrieden. Ich kenne solche Leute. Niemand will mehr als nötig mit ihnen zu tun haben. Sie beschweren sich über jeden winzigen oder auch nur vermeintlichen Regelverstoß, klären andere ungefragt darüber auf, wie es richtig läuft, und sind davon überzeugt, dass die Welt untergeht, wenn sich nicht alle an ihre Anweisungen halten. Sie haben immer recht. Es macht einfach keinen Spaß, mit ihnen zusammen zu sein.

Ich habe die größten Krisen und Schwierigkeiten meines Lebens mit Hilfe von Humor überstanden. Selbst in den schwersten Phasen haben mein Mann und ich viel gelacht. Es war Galgenhumor der schlimmsten Sorte. Er hat uns geholfen, wieder zusammenzufinden und Abstand von den frustrierenden Kleinigkeiten zu gewinnen. Wenn mein Mann und ich uns in einer Frage uneinig sind, passiert es manchmal, dass es recht hartnäckig und laut zugeht. Dann nehme ich irgendwann behutsam seine Hand in meine, atme tief durch, schaue ihm in die Augen und sage: »Es tut mir furchtbar leid für dich und es fällt mir schwer, dass so hart sagen zu müssen, aber ich habe nun einmal recht.«

In einer Langzeitstudie mit Paaren haben Forscher herausgefunden, dass es mit zunehmendem Alter immer mehr positive Interaktionen gibt. In erster Linie wurde der Umgang humorvoller und die Paare, die mindestens 15 Jahre lang verheiratet waren, wurden weniger aggressiv und vorwurfsvoll. Und natürlich macht dieses Verhalten Sinn. Wenn wir davon ausgehen, dass Menschen vernunftbegabt sind, dann wissen sie, dass ihr Leben begrenzt ist. Deshalb wenden sie sich irgendwann von den ärgerlichen Kleinigkeiten ab, um sich die wenige Zeit auf Erden so angenehm wie möglich zu machen.

Bei der Begegnung mit humorlosen Menschen, die sich selbst und viele andere Dinge erstaunlich ernst nehmen, frage ich mich immer, wie sie das aushalten: den Druck und das permanente Scheitern an der Realität. Denn alles, was sie sich ausdenken, ihr Idealbild einer Beziehung, das perfekte, hochbegabte Kind, die fehlerfreie Erziehung und all die anderen Ansprüche müssen so viel Druck erzeugen, dass es ohne Humor schwer auszuhalten ist.

Ich wünsche diesen etwas verbohrten Menschen, dass sie lernen, über sich selbst zu lachen, dass sie mit der Zeit in der Lage sind, die Dinge weniger schwer und ernst zu nehmen. Nicht nur im Umgang mit Kindern ist das Herunterschrauben der Ernsthaftigkeit ein guter Rat. Das Leben wird einfach schöner, wenn wir in einem vollen Bus ein Lied anstimmen oder ungelenke Tanzeinlagen in den Alltag einbauen, wenn wir Grimassen schneiden oder gelegentlich Furzgeräusche aus unserer Armbeuge zaubern.

Insider schaffen Verbundenheit

Mein Mann und ich haben zum Beispiel einen Insider, der immer wieder für Entspannung sorgt. Es passierte an einem romantischen Abend ziemlich am Anfang unserer gemeinsamen Geschichte. Wir lagen von zahlreichen Kerzen umgeben im Bett, haben geredet und geschmust. Es lief langsam darauf hinaus, dass wir uns unserer Kleidung entledigten. Doch dann bin ich ganz allmählich in einen Lachanfall hineingerutscht. Ich weiß nicht mehr, worum es ging, vielleicht ein

Versprecher seinerseits oder etwas in der Art, aber ich kriegte mich nicht mehr ein. Da lagen wir also: nackt, kurz vor dem Vollzug und ich gackerte. Zwar versuchte ich immer wieder, mich zu beruhigen und zurück zur romantischen Stimmung zu finden, aber es gelang nicht. Da sagte er: »Wir müssen uns schon entscheiden, ob wir lachen wollen oder ...« und das war leider der Moment, wo es für mich kein Halten mehr gab und er schließlich in meinen Lachanfall mit einstimmte.

Seitdem können wir aus jeder angespannten Situation mit dem Satz »Wir müssen uns schon entscheiden« die Luft herauslassen. Weil wir uns nämlich entschieden haben. Für das gemeinsame Lachen.

Denn spätestens nach dem ersten Kind ist der Partner nicht mehr der strahlende, fehlerfreie Sexgott wie in der Kennenlernphase. Und dann ist Humor eine gute Alternative zu passiv-aggressivem Knurren. Wenn dieses Leuchten allmählich einem staubigeren und weniger verführerischen Anblick weicht, ist es hilfreich, sich selbst und den anderen nicht so ernst zu nehmen.

Was es dazu braucht, ist etwas Abstand. Der lässt sich zum Beispiel herstellen, indem wir in Gedanken ein Stück zurücktreten und uns angesichts eines Ärgernisses fragen: »Würde ich mich darüber aufregen, wenn ich in einer Woche sterben würde? Wenn mein Partner sterben (oder für die, denen der Gedanke zu hart ist: schwer erkranken) würde?« Was dieser Gedanke einem ins Bewusstsein ruft, ist unsere Endlichkeit. Und angesichts dieser Endlichkeit fällt es uns leichter, den Überblick zu behalten und zu beurteilen, was wichtig und was unwichtig ist. Mit diesem Abstand können wir besser sehen, ob wir unser Leben so führen wollen, wie wir es gerade tun, und wir können weit besser über uns selbst und andere lachen.

Beziehungstipps
- Nehmt die Dinge nicht zu ernst. Euer Kind wird die Schule auch dann schaffen, wenn sein Babyköpfchen einmal versehentlich Kontakt mit einem Türrahmen hatte. Und es kann auch dann noch zu einem geistig gesunden Erwachsenen werden, wenn ihr drei Mal lauter geworden seid, als es von Elternratgebern empfohlen wird.
- Wenn mal wieder alles schiefläuft und dein Kind dich anschreit, stell dir vor, es sei der letzte Tag deines Lebens, atme tief durch und mach das Beste draus.
- Versuche, stressigen oder unangenehmen Situationen mit Humor zu begegnen.
- Lacht als Paar miteinander. Sollte es euch im Moment an Humor mangeln, lasst euch von anderen erheitern und schaut euch lustige Videos und Filme zusammen an.

Partnerschaft braucht Pflege

Ein Nebeneffekt der Sicherheit und Behaglichkeit langjähriger Beziehungen ist eine gewisse Nachlässigkeit. Mein Mann wurde im Alltag mehr und mehr zu einem Möbelstück, das selbstverständlich da war, das ich aber nicht sonderlich zu schätzen wusste. Wenn man mich gefragt hätte, was ich für ihn empfinde, hätte ich mit Sicherheit meine glühende Liebe beteuert, aber ehrlich gesagt habe ich meine Liebe nicht besonders deutlich gezeigt. Die Selbstaufgabe, die ich mit den Kindern an den Tag legte, sollte auch meinem Mann als universeller Liebesbeweis dienen. Tat sie aber nicht.

Mit den Kindern gab ich mir mehr Mühe. Sie waren relativ neu und verlangten viel penetranter und überzeugender nach Aufmerksamkeit und Hilfe. Die größte Gefahr für die Partnerschaft liegt in den zunehmenden Routinen und der sich dadurch einstellenden Gleichgültigkeit. Der Blick auf den Partner verändert sich. Er ist nicht mehr der strahlende Superheld, der er einmal war, sondern eine Art Kumpel, ein Soldat, an dessen Seite wir durch den Schlamm robben. Denn in

Krisenzeiten nehmen wir alles, was sich außerhalb des Krisengebiets (in diesem Fall die Aufgaben rund um Kinder und Haushalt) abspielt, kaum noch wahr. Wer permanent mit den Bedürfnissen von Babys kämpft, hat kaum den Kopf für aktuelle politische Fragen, den Spielplan des Theaters oder die Bedürfnisse des Partners. Der Fokus liegt auf den dringenden Dingen: auf den Kindern, ihren Schmerzen, ihrem Hunger, ihrem Geheule, der vollen Windel, auf den Wäschebergen und den Spielzeugen auf dem Boden. Und wer permanent wichtige Dinge zu erledigen hat, muss es erst lernen, sie zu ignorieren und sich Zeit für andere, noch wichtigere Dinge zu nehmen.

Nehmt euch Zeit füreinander!

Mir fiel es ungeheuer schwer, mir tagsüber Zeit für meinen Mann zu nehmen. Zum einen, weil die Verantwortung für die Kinder sehr präsent war und ich mich oft wie ein Zirkusdirektor fühlte. Zum anderen tendierte ich dazu, mich und meine Bedürfnisse zurückzunehmen – und somit auch das Bedürfnis, mich um meinen Mann zu kümmern. Wir als Paar waren gerade nicht so wichtig, denn es gab diese ständig nach irgendetwas verlangenden Zwerge, die besser darin waren, ihre Wünsche zu äußern.

Ein weiteres Problem war der Mangel an gemeinsamer Zeit: Ich sah meinen Mann kaum noch. Es war nicht so, dass ich ihn nicht mehr liebte oder ihn weniger attraktiv fand. Das Problem war eher, dass ich keine Zeit mehr für ihn zu haben glaubte und dass ich dachte, er müsse dafür Verständnis haben. Ich gab mir keine Mühe mehr. Wir begegneten uns auf den Wegen zu unseren Verrichtungen. Diese Zusammentreffen waren kurz und freundlich, denn wir hatten beide immer zu tun. Manchmal lehnten wir uns erschöpft aneinander und redeten über die Kinder, bis wieder eins schrie. Wir unterhielten uns kaum noch über andere Dinge als den Nachwuchs und die Nöte, die mit ihm gekommen waren, darüber wie schlimm die Nacht gewesen war, wie müde wir waren und weitere Mitteilungen über das Elend. Wir ließen uns ganz einvernehmlich aber mit wachsender Unzufriedenheit gehen. Heute denke ich: Wir wussten es nicht besser.

Erst das Geständnis meines Mannes, dass ihm die Liebe gerade abhandenkomme, rüttelte mich auf. Er beschwerte sich in erster Linie darüber, dass ich mich kaum je zu ihm setzte und mich nicht für ihn zu interessieren schien. Er hatte das Gefühl, er wäre es nicht wert, dass ich mich ihm zuwende, und fühlte sich einsam. Ich nahm aber an, dass meine Hingabe an die Kinder von ihm auch als Wertschätzung und Hingabe an ihn verstanden würde. In meiner Version der Dinge war die Familie zu einer Einheit verschmolzen. Ich war sowieso eins mit den Kindern und er gehörte natürlich auch hinein in diese Liebeskugel, der ich Schlaf, Nerven und Kraft opferte.

Aber natürlich war diese Sichtweise naiv. Wir waren nicht eins. Und es stimmte. Ich fand über Monate und Jahre kaum Momente der Ruhe mit meinem Mann. Und wenn ich kurz vor dem Einschlafen bereit war, mich an ihn zu schmiegen, war er oft noch verletzt davon, dass ich ihm tagsüber immer vor der Nase weggelaufen war. All das erfuhr ich, als ich mit ihm sprach. Auch, dass er – wie ich – nicht begeistert davon war, dass wir uns im Bett voneinander wegdrehten. Zwischen uns stand eine Mauer aus Missverständnissen, Enttäuschungen und Kränkungen. Und es dauerte, diese Mauer einzureißen. Denn noch härter als falsche Annahmen wirken Gewohnheiten. Es kostet Mühe und Überwindung, sie zu ändern.

Veränderungen brauchen Erschütterungen

Dieselbe Gleichgültigkeit und mangelnde Wertschätzung haben sich bei vielen Paaren mit Kindern in meinem Umfeld eingeschlichen. Man erkennt den Überdruss an rollenden Augen, an der kaum vorhandenen Bereitschaft, den anderen aussprechen zu lassen, an bissigen Bemerkungen und Untertönen. Auch die Frau mit dem zu netten Mann konnte diesen nicht mehr schätzen, bis sie zu spüren bekam, dass andere Frauen es durchaus können.

Leider neigt der Mensch dazu, seine Umwelt nach Konsumlogik zu bewerten. Nur knappe Güter, die schwer zu haben sind, werden geschätzt. Bei zahlreichen Bekannten half deshalb eine Bedrohungssituation, aus der Gleichgültigkeit herauszufinden. Eine Affäre, eine Schwärmerei oder eine drohende Trennung wie bei uns.

Es dauerte einige Wochen, bis ich aus meinem soldatischen Erledigungsmodus herausfand, mir die Augen ausgewaschen hatte und meinen Mann wieder mit Interesse anschauen konnte: Er sah nicht mehr aus wie ein altes, verlässliches Möbelstück, das ich in- und auswendig kenne, sondern wie ein Mann mit Geheimnissen und interessanten Gedanken.

Schon bald entdecke ich die Lust wieder, mit ihm zu debattieren und ihn am helllichten Tag unter Einsatz meiner Zunge zu küssen wie früher. Jahrelang hatte ich mir eingeredet, dafür weder Kraft noch Zeit zu haben. Aber plötzlich war er wieder wichtig genug, dass ich ihm abends Briefe schrieb oder wir zusammensaßen und über Interessantes oder Unangenehmes redeten, über unsere Faulheit und die Flucht in Schwärmereien für Nachbarn und Bekannte. Es war hart, das zu hören und zuzugeben, aber wir hatten einander vernachlässigt.

Zeigt Interesse am anderen!

Wenn geschiedene oder getrennte Menschen nach dem Grund für die Trennung gefragt werden, sagen sehr viele von ihnen, dass sie sich nicht genug geliebt oder wertgeschätzt fühlten. Sie hatten das Gefühl, dass der Partner ihnen mit seiner mangelnden Einfühlung oder seinem fehlenden Verständnis nicht gutgetan habe, weil sie sich dadurch unsichtbar, austauschbar und abgewertet gefühlt hätten. Jeder Mensch braucht es, dass man ihn wahrnimmt und ihm Verständnis und Anerkennung entgegenbringt. Bei unseren Kindern lernen wir diese Achtsamkeit immer mehr, aber mit unserem Partner sollten wir uns genauso viel Mühe geben.

Um ihm oder ihr auf Dauer einigermaßen nahe zu sein, brauchen wir mehr als oberflächliche Nachfragen zum Befinden. Ein Bekannter beschwerte sich etwa einmal bei seiner Frau darüber, dass sie ihn fragte, wie es ihm gehe. Für ihn war das eine Frage wie sie sich alte Dorfbewohner über den Zaun zuwerfen, ohne sich wirklich für den anderen zu interessieren. Eine Floskel. Danach gab sie sich mehr Mühe, ihn nach seinem Innenleben zu fragen. Es ist wie bei Kindern. Wenn man sie fragt: »Wie war es in der Schule?«, sind sie sofort genervt und machen dicht. Wenn man fragt »Wer war heute gemein zu dir?« oder »Worüber hast du dich heute am meisten gefreut?«, überlegen sie einen Moment und erzählen dann die tollsten Geschichten.

Genauso viel Mühe solltet ihr euch mit eurem Partner geben. Statt »Wie geht es dir?« solltet ihr euch interessantere Fragen stellen, wie »Wovor hast du im Moment am meisten Angst?« oder »Wenn du eine Charaktereigenschaft an mir und dir selbst ändern könntest, was wäre das?« oder »Gibt es Dinge in deinem Leben, die du gern ungeschehen machen würdest?«.

Das sind Fragen für ruhige Stunden, nicht für Zwischendurch. Aber auch im Vorbeigehen können wir dem anderen zeigen, dass wir uns sehen und wertschätzen. Mein Mann und ich haben uns zum Beispiel angewöhnt, uns beieinander für Kleinigkeiten, aber auch für allgemeinere Dinge zu bedanken, zum Beispiel: »Danke, dass du dich so gut um die Kinder kümmerst.« »Danke fürs Einkaufen.« »Oh, du hast die Spülmaschine schon ausgeräumt, danke.« Manchmal bringen wir dem anderen auch kleine Geschenke mit, Dinge, die er oder sie gern isst, ein Buch, das der derzeitigen Interessenlage entspricht, oder einer bestellt beim Lieblingslieferdienst und lädt feierlich zum romantischen Dinner. All diese kleinen Aufmerksamkeiten tun gut und zeigen: »Ich sehe, wer du bist und was du tust. Du bist nicht unsichtbar und was du machst, ist nicht selbstverständlich. Du bist wertvoll.«

Zeit zu zweit

Neben solchen Aufmerksamkeiten im Alltag brauchen Paare Zeit zu zweit. Das ist mit kleinen Kindern schwierig, wird aber mit den Jahren immer einfacher. Seid erfinderisch. Ihr könnt zum Beispiel spazieren gehen, während das Kind umgeschnallt ist oder im Wagen schläft. Wir machen es mittlerweile so, dass wir immer, wenn Verwandtschaftsbesuch über Nacht da ist, abends miteinander ausgehen – und

sei es nur, dass wir uns ein Bier holen und uns in den Park setzen. Aber auch eine Babysitterin verschafft uns mittlerweile freie Abende. Es tut weh, darüber nachzudenken, wie teuer so ein Abend wird, wenn man nicht nur Kino oder Theater und Getränke zu zahlen hat, sondern auch noch einen Aufpasser, aber es ist auch eine gute Erinnerung daran, dass diese Zeit wertvoll ist. Finanziell und emotional.

Um im Urlaub Zeit zu zweit zu verbringen, entscheiden sich immer mehr Paare für Angebote mit Kinderbetreuung. Normalerweise ist Urlaub mit Kindern – wie eine Freundin sehr treffend formulierte – Alltag unter erschwerten Bedingungen, denn all die Erleichterungen, die man sich zu Hause mit den Kindern eingerichtet hat, fallen plötzlich weg. In der Unterkunft gibt es dann kein oder kaum Spielzeug, an die Betten muss man notdürftig Rausfallsicherungen wie Stühle anbringen, die Regale sind nicht gesichert, die Tassen haben die falsche Form und, und, und. Wenn aber Kinderbetreuung im Angebot enthalten ist, kann man davon ausgehen, dass die Kinder in einer Gruppe Gleichgesinnter spielen und über große Strecken des Tages beschäftigt werden. Eine Freundin konnte so mit ihrem Mann eine romantische Wanderung mit Picknick unternehmen.

Liebe ist Arbeit

Früher habe ich gelacht, wenn jemand behauptete, Liebe sei Arbeit. Was ich damals nicht verstand war, dass Lieben am Anfang von ganz allein geht. Aber nach vielen gemeinsamen Jahren und Kindern, nach Tiefen und Stress sind gegenseitige Liebe, Wertschätzung und Lust nicht mehr selbstverständlich. Die Liebe ist auf Dauer ein kompliziertes Geflecht aus Anziehung und Abstoßung, ein Balanceakt zwischen Nähe und Distanz. In der Liebe geht es wechselhaft zu und es ist ganz normal, wenn Partner eine Weile nicht in heißer Innigkeit glühen. Aber auf Dauer muss man immer wieder zueinanderfinden, um sich nicht zu verlieren.

Als ich einen Facebook-Eintrag darüber schrieb, dass Liebe manchmal auch Arbeit sei, erhielt ich viel Zuspruch, aber auch einige Kommentare, die darauf abzielten, dass eine Liebe, an der man arbeiten müsse, nichts wert sei. Wenn es Arbeit werde, sollte man den Partner verlassen. Natürlich könnte diese Deutung mit dem missverständlichen Bild der »Arbeit« zu tun haben. Es könnte aber auch daran liegen, dass manche Menschen tatsächlich den Anspruch an die Liebe haben, dass sie immer leicht und angenehm sein müsse, dass man zum Lieben nichts weiter brauche als ein passendes Gegenstück. Und vermutlich sind das gerade die Leute, die alle paar Jahre ihre Partner wechseln, weil sie meinen, sie hätten sich geirrt. Oder sie haben einen Partner, der die Beziehungsarbeit still und heimlich für sie mit erledigt.

Die Wahrheit ist: Manchmal tut es weh. Und das sind die Momente, in denen man sich entscheiden muss, ob es noch ausreicht oder nicht. Aber solange man in dem anderen eine Welt beziehungsweise einen Raum sieht, der sich öffnen kann und den man noch nicht vollständig durchschritten hat, besteht die Möglichkeit, sich als Paar neu zu erfinden und den Weg gemeinsam weiterzugehen.

 Beziehungstipps

Manchmal fällt es uns angesichts von Stress und Alltag schwer, den Partner mit seinen Bedürfnissen und Verletzlichkeiten wahrzunehmen und zu schätzen.

- Vielleicht helfen dir Erschütterungen, Krisen oder Verletzungen dabei, eure Partnerschaft wieder zu pflegen und zu erkennen, wie wichtig der andere dir ist.
- Auch wenn ihr euch schon ewig kennt und es für ein wenig albern haltet: Gebt euch Mühe für euren Partner, überrascht ihn mit kleinen Aufmerksamkeiten, bedankt euch für scheinbar Selbstverständliches und küsst euch auch mal wieder ohne Anlass mit Zunge.
- Versucht trotz des stressigen Alltags, Zeit miteinander zu verbringen, Gespräche über Kunst und Politik zu führen und regelmäßig eure gewohnten Pfade zu verlassen, indem ihr besondere Erlebnisse teilt.

Bei anderen läuft es auch nicht rund

Fast jede Fassade, hinter die ich einen Blick werfen durfte, verbarg ein paar unschöne Ecken. Wenn ich mit den anderen Eltern sprach, die oberflächlich betrachtet alles richtig machten, die alle Aufgaben gerecht aufzuteilen schienen, hübsch aussahen, liebevoll miteinander umgingen und superinteressante Jobs hatten, kam immer heraus, dass sich auch bei ihnen ein paar Leichen im Keller stapelten. Sie hatten vielleicht monate- oder jahrelang keinen Sex oder der Partner war im Grunde nie da, immer am Arbeiten und die Mutter kurz vor dem Burn-out, oder ohne das Au-pair aus Sri-Lanka würde gar nichts gehen.

Sprecht mit anderen Eltern

Auf Spielplätzen habe ich gelernt, zu reden. Ich weiß jetzt, dass es für alle ein kaum zu ertragendes Jonglieren ist, Arbeit und Kind unter einen Hut zu bringen, und dass alle Beziehungen besonders unter den harten ersten Jahren leiden. Mir wurde glaubhaft versichert, dass Großeltern Gold wert sind, wenn sie in greifbarer Nähe und einigermaßen gewillt sind, sich um die Kinder zu kümmern. Ich weiß inzwischen, dass es sehr unterschiedliche Kinder gibt, obwohl alle Eltern ihr Kind für einen Standardfall halten. Das ändert sich erst mit dem zweiten Kind, das normalerweise ganz anders ist als das erste. Ich habe gelernt, dass die meisten Kinder andere Kinder brauchen, um glücklich und entspannt zu sein, und dass Geschwister und Freunde das Leben der Kinder und damit das Leben der Eltern erleichtern.

Die Rollenverteilung wurde bei allen – auch bei militanten Verfechtern von Geschlechtergleichheit – traditioneller. Von vielen Frauen kann man sich darüber Beschwerden anhören. Dennoch kann es angenehm sein, sich über die eigene Belastung auszulassen und zu hören, dass es doch allen irgendwie ähnlich geht. Denn wenn nicht nur ich ein Problem habe oder unter etwas leide, dann ist es vielleicht nicht nur meine eigene Schuld. Wenn alle mit ähnlichen Problemen kämpfen, dann hat das nicht nur mit persönlichem Versagen, sondern auch mit dem System zu tun, mit der Gesellschaft, in der wir leben, den Idealen, die propagiert werden, und den Voraussetzungen, die bestimmte Lebensweisen fördern.

Und weil gerade Eltern aufgrund der Verantwortung, die auf ihnen lastet, anfällig für Schuldgefühle sind, ist Kommunikation sinnvoll und nötig. Mütter und Väter sollten besonders über die negativen Auswirkungen von Kindern reden. Miteinander und mit anderen. Damit erleichtern wir uns selbst und anderen das Leben wesentlich und die Ansprüche schleifen sich ganz langsam an der Realität ab.

Der eigene Weg ist nicht unbedingt der beste

Wenn ich mit anderen Müttern rede, lerne ich hin und wieder auch welche kennen, die anderen das Leben mit ihren harten Ansichten schwer machen, zum Beispiel indem sie sich darüber auslassen, was Kinder am besten essen, wie früh und wie lange sie fremdbetreut werden sollen (»Bei unter Dreijährigen ist es nur Verwahrung«), ob sie einen Schnuller benutzen dürfen, ob Kinderwagen oder Tragen besser ist. Alles, was sie sich ausgedacht haben, ist unumstößlich und richtig. Wer es anders macht, liegt falsch, welche Gründe er auch immer dafür nennt.

Solche Dogmatiker leiden oft an einer Art Inkontinenz, was ihr »besseres« Wissen betrifft, und sind deshalb sehr gut sichtbar: Jeder kennt sie und wurde schon einmal von ihnen verunsichert oder beleidigt. Berufstätige Frauen werden mit hochgezogenen Augenbrauen nach dem Verbleib ihrer Kinder gefragt, Keksangebote auf dem Spielplatz werden mit dem Verweis auf den Zuckergehalt naserümpfend abgelehnt.

Ich möchte an dieser Stelle ausdrücklich dafür plädieren, solchen Besserwissern über den Mund zu fahren und ihnen zu verraten, wie herablassend und weltfremd ihre Ansichten sind, die selbstverständlich in bester Absicht geäußert werden. Es gibt viele Arten und Weisen, es richtig zu machen.

Kinder sind erstaunlich unterschiedlich in dem, was sie aushalten und brauchen. Wie Aufgaben aufgeteilt werden, ist Sache der Eltern. Diese Entscheidung ist individuell und sehr persönlich. Die Gründe dafür sind Außenstehenden selten ersichtlich. So könnte die Höhe des Einkommens eine Rolle spielen, eine chronische Erkrankung oder eine verminderte Belastbarkeit eines der Partner. Vielleicht handelt es sich aber auch schlicht und ergreifend um Bedürfnisse, die sich in dieser Entscheidung ausdrücken.

Niemand sollte sich über die Lebensentscheidungen anderer erheben und sie vorschnell verurteilen. Wer aber darüber reden sollte, wie Aufgaben rund um Kinder und Haushalt verteilt werden und wer welche Wünsche hat, das sind die Eltern selbst. Am besten miteinander.

 Beziehungstipps
- Lass dich nicht von perfekten Fassaden und Inszenierungen auf Instagram verunsichern.
- Kleine Kinder sind für jede Familie mit Anstrengungen, hässlichen Momenten, Grenzgängen und gelegentlichem Chaos verbunden – auch wenn es nicht so scheint.
- Umgib dich nach Möglichkeit mit Eltern, die ehrlich und offen über ihre Schwierigkeiten sprechen, statt heile Welt zu spielen.
- Meide Dogmatiker und Besserwisser oder zumindest bestimmte Themen im Gespräch mit ihnen.
- Sollte dich jemand unnötig maßregeln, versuche direkt zu kontern. Dann schläfst du im Anschluss ruhiger.

5 Trennung – manchmal die bessere Lösung

Manchmal helfen keine Tricks und guten Ratschläge. Manchmal ist die Schieflage zwischen Partnern zu groß, die Kränkungen sitzen zu tief, die Verachtung bestimmt weite Teile des Umgangs, sodass eine Trennung die bessere Lösung ist. Oder bei mindestens einem der Partner fehlt die Bereitschaft oder auch die Fähigkeit, an sich und an der Beziehung zu arbeiten. Vielleicht meint ein Partner, in der Liebe müsse alles von selbst und ganz leicht funktionieren. Oder vielleicht fürchtet sich ein Partner vor den Konflikten und Verletzungen, die eine offene Kommunikation mit sich bringen. Meiner Erfahrung nach tut es nämlich furchtbar weh, sich als Paar neu zu (er)finden. Aber ohne diesen Schmerz und das Verlassen der eigenen Komfortzone geht es oft nicht.

Catherine, 35

Mein Mann will nicht reden

Ich bin schon sehr lange unzufrieden in meiner Beziehung, aber all meine Versuche, darüber konstruktiv zu reden und Lösungen zu finden, prallen an meinem Mann ab. Er kämpft schon lange mit Depressionen und befindet sich deswegen auch in Therapie, lehnt aber eine zusätzliche Paartherapie grundsätzlich ab. Ich bin sehr nachsichtig mit ihm, denn er ist ja offensichtlich krank. Trotzdem verletzt es mich, dass er mich ganz außen vor lässt. Kürzlich war mein Mann auf Geschäftsreise – und plötzlich verschwand die gedrückte Stimmung aus der Wohnung. Ich denke jetzt ernsthaft über eine Trennung nach. Wir haben uns über die Jahre derart weit voneinander entfernt und gegenseitig so viele bissige Kommentare und Kritik kassiert, dass keiner von uns mehr einen Schritt auf den anderen zugehen will. Irgendwie hat das keinen Sinn mehr mit uns.

Vermutlich kennt jeder solche Paare, die sich gern in Gegenwart anderer streiten und erniedrigen, um sie als Zaungäste zur Stärkung ihrer Position dazuzuholen. Sie reden abfällig über den anderen, obwohl er neben ihnen sitzt, sie beschweren sich lauthals in großen Runden über die angeblichen Unfähigkeiten und lassen keinen Zweifel daran, dass sie sich nicht leiden können. Seltsamerweise geben sie jedoch keinen Hinweis darauf, warum sie trotzdem zusammen sind. Es bleiben nur Spekulationen. Wahrscheinlich sind es finanzielle Gründe, gemeinsamer Besitz, der Glaube, den Kindern keine Trennung zumuten zu können, oder schlicht Gewohnheit. Die Hölle der gegenseitigen Erniedrigung ist ihnen zur Normalität geworden.

Tatsächlich sind Trennungen aufgrund der mit ihnen einhergehenden Konflikte und Streitigkeiten für Kinder oft belastend. Wie sich Trennungen auf Kinder konkret auswirken, ist nicht besonders gut erforscht. Man weiß jedoch, dass 20 bis 25 Prozent langfristig emotionale Probleme wie mangelndes Selbstvertrauen und Bindungsängste entwickeln. Kinder vor der Pubertät haben auch die Neigung, sich schuldig zu fühlen.

Eltern können dem entgegenwirken, wenn sie es schaffen, weiterhin Geborgenheit, Sicherheit und Verlässlichkeit zu vermitteln. Auf keinen Fall sollte der Ex-Partner vor dem Kind abgewertet werden, weil das zu stark belastenden Loyalitätskonflikten führen kann.

Gewalt gegen Frauen ist nicht selten

Aber nicht nur gemeinsame Kinder sind in Gefahr, wenn es zur Trennung kommt. Erschreckend oft ist diese Zeit von Gewalt begleitet, physischer oder psychischer Natur.

Sarah, 25

Mein Partner schlägt mich

Mit 19 Jahren wurde ich schwanger und zog mit dem Vater des Kindes zusammen. Kurz nach unserer Tochter kamen auch noch Zwillinge zur Welt. Julius war Kabarettist und verdiente kaum Geld. Gemeinsam kümmerten wir uns um die Kinder und lebten von Sozialhilfe. Da sich der Erfolg bei Julius nicht einstellte, wurde er depressiv und trank immer mehr. Es kam vor, dass er aggressiv wurde. Er warf nicht nur verschiedene Dinge an die Wand, sondern schlug mich. Eines Tages, während ich mal wieder Scherben aufsammelte und die Kinder tröstete, wurde mir klar, dass sich hier gerade das Leben meiner Mutter wiederholte. Nachdem die Polizei Julius abgeholt hatte, hielt ich die Tür einige Tage verschlossen, aber dann öffnete ich sie doch wieder. Leider wirft er immer mal wieder mit Sachen um sich und schlägt mich auch, aber ich bleibe. Meistens ist er doch ein lieber Vater und alleine mit den Kindern ist es sehr schwer. Außerdem kann ich das den Kindern nicht antun.

Laut der Weltgesundheitsorganisation WHO ist Gewalt eines der größten Gesundheitsrisiken für Frauen weltweit. Von häuslicher Gewalt sind 25 Prozent der in Deutschland lebenden Frauen mindestens einmal betroffen gewesen. Dabei ist die häusliche Gewalt die häufigste Form von Gewalt gegen Frauen. Über 114 000 Fälle von häuslicher Gewalt gegen Frauen wurden im Jahr 2017 in Deutschland registriert. Darunter auch Drohungen und Stalking. Die Dunkelziffer, das heißt Fälle, in denen die Polizei nicht eingeschaltet wird, ist vermutlich deutlich höher. 82 Prozent der Opfer häuslicher Gewalt, die von Partnern und Ex-Partnern begangen werden, sind Frauen.

Am gefährlichsten wird es für Frauen in Trennungs- und Scheidungssituationen. Hier kommt es am häufigsten zu Übergriffen. Kindern kommt hierbei eine besondere Rolle zu. Die Geburt eines Kindes wird von 20 Prozent der betroffenen Frauen als auslösender Moment der Gewalt genannt. Bei weiteren 10 Prozent liegt der Beginn in der Schwangerschaft.[24]

Gewalt wird vielfach verschwiegen. Sie ist peinlich. Sie stigmatisiert und beschämt die Frau, die oft nicht ihrer Überzeugung entsprechend auf die Gewalt reagiert. 37 Prozent der Frauen sprechen mit niemandem über die körperliche Gewalt, die sie erfahren haben. Bei sexueller Gewalt ist die Scham noch deutlich höher. 47 Prozent der Betroffenen sprechen mit niemandem darüber.

Neben körperlicher ist aber auch seelische Gewalt (Drohungen, Beleidigungen, Erniedrigungen) ein guter Grund, sich zu trennen. Solche Schieflagen der Macht in einer Beziehung werden natürlich dadurch begünstigt, dass einer der Partner der Ernährer und damit in der finanziell überlegeneren Position ist.

Trennung kann eine gute Lösung sein

Es gibt gute und sogar zwingende Gründe, eine Beziehung zu beenden. Zahlreiche Frauen, die mit Gewalt durch ihren Ehemann konfrontiert waren, wundern sich schließlich darüber, wie viel Hilfe sie bekommen, wenn sie diesen Schritt endlich gehen. In einem Fall konnte eine Frau mit ihren zwei Kindern monatelang bei einer Freundin unterkommen, nachdem sie Hals über Kopf das gemeinsame Haus verlassen hatte. Schließlich kam ihr ein Vermieter mit dem Mietpreis für eine Dreizimmerwohnung entgegen. Aber auch Institutionen wie Frauenhäuser, die Arbeiterwohlfahrt und Familienberatungen unterstützen Frauen regelmäßig finanziell, organisatorisch und emotional bei diesem Schritt.

♡ Beziehungstipps

- Wenn du in einer Beziehung körperliche oder geistige Gewalt erfährst, ist das immer ein guter Grund für eine Trennung.
- Aber auch wenn dein Partner psychisch oder suchtkrank ist oder sich beharrlich weigert, bestehende Probleme zu lösen, kann eine Trennung die bessere Lösung sein.
- Kinder sind kein Grund, zusammenzubleiben, sondern manchmal auch ein Grund, sich zu trennen.
- Schütze immer dich selbst und deine Kinder vor Gewalt durch deinen Partner.
- Wenn ihr getrennt lebt, mache deinen Ex-Partner niemals schlecht vor dem Kind. So kannst du Loyalitätskonflikten vorbeugen.
- Vermittelt euren Kindern trotz bestehender Konflikte Stabilität, bedingungslose Liebe und Rückhalt.
- Bist du von häuslicher Gewalt betroffen oder kennst Betroffene: Es gibt zahlreiche Organisationen, die Frauen aus allen Schichten Schutz, Beratung und Unterstützung in Trennungssituationen bieten. Die Dunkelziffer der betroffenen Frauen ist erschreckend hoch. Sie müssen sich nicht schämen oder schuldig fühlen. Sie sind nicht allein.

Angst vor der Trennung hat oft finanzielle Gründe

Laut Anke Kock, der Leiterin des Lübecker Frauenhauses, haben die meisten Frauen, die ihren Partner verlassen wollen, Angst vor finanziellen Problemen. Frauen, die ihre Autonomie wegen eines Mannes aufgegeben oder eingeschränkt haben, fürchten den finanziellen Ruin. Nicht selten glauben sie, dass der Schritt weg vom Mann ein Sprung in existenzielle Nöte ist. Sie glauben, sie würden ihr Zuhause verlieren und ihre Kinder nicht mehr versorgen können, denn ohne ein eigenes Einkommen in ausreichender Höhe ist es tatsächlich schwer, eine Wohnung anzumieten. Und darauf, dass vom ersten Tag der Trennung an Unterhalt gezahlt wird, sollte man besser nicht vertrauen. Oft geht der ersten Unterhaltszahlung ein langwieriger Streit voraus.

Deshalb ist es für Partner mit Kindern eigentlich immer ratsam, zu heiraten und den Besitz als Zugewinngemeinschaft zu teilen, sofern ein finanzielles Ungleichgewicht zu erwarten ist. Denn nur auf diese Weise bekommt der Partner, der zugunsten der Kinderbetreuung beruflich kürzertritt, einen Ausgleich, der im Trennungsfall eingeklagt werden kann. Ist ein Paar mit Kindern nicht verheiratet und hat ein Partner berufliche Abstriche gemacht, erhält er im Fall einer Trennung im schlechtesten Falle nichts. Weil ihm nichts zusteht. Auf freiwillige Großzügigkeit sollte niemand hoffen. Deshalb versetzt finanzielle Selbständigkeit Mütter in die Position größtmöglicher Freiheit.

Aber auch Partner, bei denen beide gut verdienen, haben begründete finanzielle Ängste angesichts einer Trennung: Zwei Haushalte und Mieten sind einfach weit teurer als ein gemeinsamer Haushalt. Einer Freundin, die mehrfach Trennungsabsichten hegte, brach regelmäßig der Schweiß aus, wenn sie sich vorstellte, dass sie im Alltag alles rund um die Kinder allein machen müsste. Bislang hatte ihr Mann die Kinder morgens zur Kita gebracht. Doch die größten Sorgen gelten bei ihr, wie bei vielen anderen Paaren, den Kindern. Sie macht sich keine Illusionen darüber, dass die Kinder unter der räumlichen Abwesenheit ihres Vaters leiden würden. Denn ein schlechter Vater war er nicht, ganz im Gegenteil.

Trennung als schmerzvolle Erfahrung

Abgesehen vom finanziellen Aspekt und dem Erleben der Kinder ist eine Trennung oder eine Scheidung für die ehemaligen Partner ein einschneidendes und schmerzhaftes Erlebnis. Was besonders schwer wiegt, ist das Gefühl des Versagens. Das betrifft nicht nur die Arbeit an der Beziehung, sondern auch die Scham über die Partnerwahl, die sich am Ende als Irrtum herausgestellt hat. Denn in den seltensten Fällen hat nur ein Partner Schuld an einer Trennung, jeder hat daran seinen Anteil.

Darüber hinaus bedeutet eine Trennung für beide Beteiligten einen schwerwiegenden und schmerzhaften Verlust, wie viele Menschen, die sich getrennt haben oder verlassen wurden, bestätigen können. Silvia Fauck, die mehrere Liebeskummerpraxen betreibt, weißt zu berichten:

»Wörter, die Trennungspsychologen oft im Mund führen, lauten: Zorn, Wut, Angst, Depression, Verzweiflung, Traurigkeit, Desorganisation, Verlassensängste. Man hat nachgewiesen, dass Trennungen das Suizidrisiko steigern, da die entsprechenden Zahlen unter Geschiedenen tatsächlich viel höher sind als unter Verheirateten [...] Ein Beziehungsende ist oft eine gravierende seelische Erfahrung, die in unseren hochgradig sexualisierten und emotional flüchtigen Kulturen inzwischen als selbstverständlich hingenommen wird.«[25]

Elizabeth, 45

Ich brauchte lange psychologische Hilfe

Ich musste die Trennung von meinem Partner in einer jahrelangen intensiven Therapie verarbeiten, weil ich von starken Schuld- und Schamgefühlen geplagt wurde. Ich hätte es besser wissen müssen, hätte seinen Charakter von Anfang an durchschauen müssen und viel früher einen Schlussstrich ziehen sollen. Als ich mich endlich zu dem Schritt durchringen konnte, war ich emotional gebrochen, fühlte mich klein, dumm und hässlich. Es hat Jahre gebraucht, bis ich mit Hilfe meiner Therapeutin wieder Selbstvertrauen gewann und eine neue Beziehung eingehen konnte.

Im Nachhinein werden Trennungen oft als Erfolgsgeschichte erzählt, weil Menschen natürlich ihre Entscheidungen vor sich selbst und vor anderen rechtfertigen wollen. In Wahrheit verbirgt sich aber hinter den meisten Trennungen eine tiefe emotionale Erschütterung und Verunsicherung.

> ♥ **Beziehungstipps**
> - Wenn du dich mit einer Schieflage in eurer Partnerschaft (finanziell, geistig, emotional) unwohl fühlst, versuche im Rahmen deiner Möglichkeiten, etwas daran zu ändern (und sei es deine Einstellung), damit ihr euch auf Augenhöhe begegnen könnt.
> - Eine Trennung sollte nie das erste Mittel der Wahl sein, wenn es Probleme in eurer Partnerschaft gibt. Denn darunter leiden nicht nur die gemeinsamen Kinder, sondern auch für euch bedeutet sie einen gravierenden emotionalen Einschnitt. Das Ende einer Beziehung ist in den meisten Fällen von einer langen, schmerzhaften Phase begleitet, in der der Verlust verarbeitet werden muss.

Wenn die Beziehung in die Brüche geht

Die Zahl der Alleinerziehenden nimmt seit Jahren zu. Jede fünfte Familie (20 Prozent) muss in Deutschland inzwischen mit nur einem Elternteil auskommen.[26]

Wenn die Beziehung in die Brüche geht, ist das für alle Beteiligten eine Belastungsprobe: für einen der Partner, der die Kinder nun meist nur noch selten sieht; für die Kinder, weil sie sich normalerweise wünschen, dass alles bleibt wie bisher; und für die Person, die nun alleinerziehend ist. Das ist in den allermeisten Fällen – insbesondere bei kleineren Kindern – die Mutter. Entgegen allen Zeitungsartikeln über den sogenannten neuen Vater gibt es kaum alleinerziehende Väter kleinerer Kinder. Der Anteil der alleinerziehenden Väter von 10 Prozent aller Alleinerziehenden speist sich zum großen Teil aus Fällen, in denen Jugendliche (mit einem im Vergleich zu Babys und Kleinkindern recht geringen Betreuungsaufwand) sich entscheiden, bei ihrem Vater zu leben. Alleinerziehende Väter reduzieren demnach auch nur äußerst selten ihre Berufstätigkeit.[27]

Wenn sich aus der Krise, die ein Kind bedeutet, unüberbrückbare Differenzen ergeben oder wenn die Konflikte in solcher Schärfe ausgetra-

gen werden, dass die Fronten sich verhärten, dann scheitern Beziehungen. Die Scheidungsanwältin Helene Klaar gibt in einem Interview an, dass Ehen mit dem zweiten Kind so oft in die Brüche gehen, weil die männliche Psyche so viel Benachteiligung nicht aushält. Ehen werden also nicht aufgrund von Kindern geschieden, sondern aufgrund der Schwierigkeiten und Abstriche, die mit ihnen einhergehen. Therapeuten sehen das Problem gewöhnlich in der Kommunikation. Auch Studien zum Thema Übergang vom Paar- zum Elternsein zeigen, dass kommunikationsstarke Partner, die gut zuhören können, konstruktiv streiten, Einfühlungsvermögen besitzen und nicht besonders verletzlich sind, die Herausforderungen des Lebens mit Kind deutlich besser meistern als Paare, die nicht über diese Fähigkeiten verfügen.

Lange Vorlaufzeiten

Bei vielen Paaren mit Kindern, die sich getrennt haben, gibt es eine lange Vorlaufzeit der Unzufriedenheit, in der sich die Lage zuspitzt. Häufig braucht es Jahre gegenseitiger Kränkung und Unzufriedenheit, bis sich einer der Partner zur Trennung entschließt.

Frieda, 62

Warum bin ich so lange bei meinem Mann geblieben?

Mein Mann war Alkoholiker und hat mich und unsere gemeinsamen Kinder immer wieder geschlagen. Mehrmals lief ich weg und kehrte dann wegen der Kinder doch zurück. Ich wollte sie nicht mit ihm allein lassen, wusste aber nicht, wohin. Ich schämte mich und fühlte mich in der Entscheidung gefangen, diesen Mann geheiratet und mit ihm sechs Kinder bekommen zu haben. Ich bin katholisch erzogen worden – da war eine Scheidung nicht vorgesehen. Dabei war ich mehrmals kurz davor zu gehen, habe ich mich aber immer wieder von ihm überreden lassen, bei ihm zu bleiben. Jedes Mal hat er geschworen, dass er sich ändern würde. Als er arbeitslos wurde, wurde es immer schlimmer. Aber was tun? Es war klar, dass er die gemeinsame Wohnung nie verlassen würde. Also musste ich gehen. Es hat fast 17 Jahre gedauert, bis ich mich endgültig zur Trennung durchgerungen hatte. Heute kann ich nicht mehr begreifen, warum ich so lange gezögert habe, diesen Schritt zu tun. Rückblickend war es die beste Entscheidung meines Lebens!

Was Frieda von einer Trennung abgehalten hat, waren Gedanken, die schon immer Frauen davon abhielten, ihre Männer zu verlassen. Sie hoffte, dass er sich ändern werde und dass sie ihre Probleme würden lösen können. Sie glaubte an ihre Liebe und dass sie durch diese Liebe letztlich alle Hindernisse überwinden würden. Zudem hatte sie Skrupel, ihren Kindern den Vater zu nehmen. Sie dachte sehr lange, dass sie ihren Kindern mit der Trennung Schaden zufügen würde, dass sie stark unter dem Verlust ihres Vaters leiden würden. Wie sich später herausstellte, war der Verlust des Vaters eher ein Gewinn.

Diese Frau, die über Jahre trotz Schlägen und Alkohol bei ihrem Mann blieb, hatte lange keine Ahnung, wie sie sich und die Kinder allein versorgen sollte. Eine Frage, die viele Frauen umtreibt, wenn sie mit dem Gedanken an eine Trennung spielen. Später, als der Mann seine Arbeit verlor und für die Familienkasse eher eine Belastung als eine Bereicherung war, wog dieser Gedanke nicht mehr so stark. Allerdings wusste sie, dass ihr Mann niemals die gemeinsame Wohnung verlassen würde. Also musste sie gehen. Das tat sie eines Tages auch und ging in ein Frauenhaus. Sie war überrascht, wie viel Hilfe und Unterstützung sie und ihre Kinder dort erfuhren. Und anders als etwa 50 Prozent der Frauen, die vor Gewalt und Missbrauch ins Frauenhaus fliehen, ging sie nie zu ihrem Mann zurück.

Finanzielle Angst

Gerade bei jungen Eltern ist die finanzielle Angst im Fall einer Trennung sehr ausgeprägt, besonders im statistischen Normalfall, dass die Frau nicht Vollzeit arbeitet und nicht besonders gut verdient. Und wenn dann aus einem Haushalt zwei werden, ohne dass das Einkommen steigt, verschlechtern sich beide aus finanzieller Sicht dramatisch. Laut einer Erhebung können durch eine Vollzeitstelle nicht die

Bedürfnisse eines Alleinerzieherhaushalts abgedeckt werden, wenn der Verdienst auf Mindestlohnniveau liegt.[28] Wer voll arbeitet, kann also mitunter nicht für sich und sein Kind sorgen. Umso drastischer fällt diese Tatsache in Ballungszentren aus, da die Mieten hier deutlich höher sind als in ländlichen Gebieten.

Wer neben der Betreuung kleiner Kinder nicht oder nur halbtags arbeitet, rechnet nicht damit, irgendwann allein dazustehen. Schließlich gehört zu dem Schritt, die Arbeit zu reduzieren, auch das Vertrauen in die finanzielle Versorgung durch den anderen. Die Frauen, die das tun, verschließen die Augen vor der Möglichkeit einer Trennung. Und so werden Frauen oft härter als ihre Männer von einer Trennung getroffen. Denn für sie geht es danach um die Existenz. Entsprechend schwierig ist dieser Schritt für die Beteiligten. Es ist also sinnvoll, im Vorfeld offen über das Handhaben dieser Fragen zu sprechen. Die Ehe ist durch ihre Klarheit in Vermögensfragen für Frauen, die zumindest zeitweise weniger verdienen, die beste Möglichkeit, sich abzusichern. Solche Verträge und Gespräche sind nicht besonders romantisch, aber sie helfen sehr dabei, die tatsächlichen Bedürfnisse und Prioritäten von Partnern zu berücksichtigen.

Beziehungstipps
- Setzt euch zusammen und sprecht nüchtern über die Möglichkeit einer Trennung, solange es noch nicht so weit ist.
- Überlegt, ob eine Ehe eine Möglichkeit für euch ist. Sie sichert den, der weniger verdient, in gewissem Maße ab.
- Aber auch andere Verträge zu Vermögenswerten, Unterhalt und Erbe können die nötige Sicherheit schaffen.

Für Kinder hat eine Trennung oft zwei Seiten

Kinder empfinden ihr Elternhaus sehr lange als normal. Egal, wie verrückt die Zustände sind, die bei ihnen herrschen – für sie ist ihr Elternhaus tägliche Normalität. Auch psychisch kranke Eltern, Gewalt und Missbrauch können zur Normalität werden, wenn Kinder es nicht anders kennen. Ihnen fehlt die Erfahrung, um sich ein alternatives Leben vorzustellen. Deshalb müssen im Zweifel Erwachsene entscheiden, wann eine Trennung angebracht ist.

Susan, 51

Mein Sohn hat die Initiative ergriffen

Alexander war seit frühester Kindheit den gewalttätigen Übergriffen seines Vaters ausgesetzt, genau wie ich. Nachdem mein Mann mal wieder ausgerastet war und um sich geschlagen hatte, sagte der damals 17-jährige Alexander zu mir: »Entweder geht Papa oder ich.« Das war für mich der Auslöser, ich packte unsere Sachen, nahm Alexander und seine Geschwister und ging ins Frauenhaus. Erst lange nach der Trennung begriff ich, dass Kinder nicht nur unter Trennungen leiden, sondern mitunter viel stärker unter instabilen Elternteilen, Gewalt und Konflikten. Leider habe ich das früher nicht so gesehen, sonst wäre ich schon viel früher gegangen.

Auch bei Konflikten weit harmloserer Natur kann es langfristig besser sein, wenn Eltern getrennte Wege gehen, weil das Leben ihrer Kinder dann vielleicht besser und entspannter ist.

Viele bleiben aus Pflichtbewusstsein zusammen

Kindern kommt bei Trennungen oft eine wichtige Rolle der Rechtfertigung zu. Manchmal wird der Charakter oder die Schädlichkeit eines Elternteils erst dann sichtbar, wenn das Kind zum Opfer wird. Wenn Gewalt im Spiel ist, gibt es Frauen, die diese erdulden, weil sie aus irgendwelchen Gründen das Gefühl haben, sie verdienten es oder es sei nicht so schlimm. Wenn aber ihre Kinder Opfer von Gewalt werden, sind sie manchmal besser in der Lage, die Dramatik der Situation zu erkennen. Weil sie ihr Kind vor Gewalt und schlechtem Einfluss schützten wollen, fällt es Frauen oft leichter, zu gehen.

Aber auch die Vorbildfunktion kann eine gewisse Rolle spielen. Die Schriftstellerin Nicole Krauss war mit Jonathan Safran Foer verheiratet und erzählt nach ihrer Trennung, dass sie vor der Wahl stand, wofür sie ihren Kindern ein Beispiel sein wollte: dass sie an etwas gebunden blieben, dem sie sich verpflichtet fühlten, weil sie niemanden verletzen wollten, oder dass sie immer auf ihre Freiheit, ihr Glück und ihr umfassendes Selbstgefühl hin leben sollten. Sie beschreibt ihre Trennung als Befreiungsschlag.

Allerdings ist sie eine öffentliche Person, und bekanntlich werden die traurigsten und kompliziertesten Geschichten in der Öffentlichkeit als Erfolge erzählt. Auch der jahrelange, vernichtende Scheidungskrieg zwischen Angelina Jolie und Brad Pitt wird inzwischen als notwendige Wende erzählt, die ihm aus der Sucht heraushalf. Doch hinter den Schlagzeilen lassen sich die persönlichen Tragödien und Kränkungen erahnen.

Weit häufiger dürfte es der Fall sein, dass Kinder die Beziehung durch das Pflichtbewusstsein der Eltern zusammenhalten. Doch mit dem Entschluss (wegen der Kinder oder gemeinsamer Besitztümer) zusammenzubleiben, sollte auch immer die Bereitschaft einhergehen, an der Beziehung so zu arbeiten, dass es beiden Partnern gut geht. Denn das Leben ist zu kurz, um es mit dem oder der anderen nur auszuhalten.

Erschüttertes Vertrauen zu den Eltern

Die Angst um die Kinder bei Scheidungen ist begründet, denn das Hauptproblem von Scheidungskindern ist das erschütterte Vertrauen. Sie haben sich auf ihre Eltern und deren Liebe zueinander und zu ihnen verlassen und fühlen sich oft betrogen. Entsprechende Studien belegen, dass es vor allem die Konflikte sind, die um eine Trennung herum ausgetragen werden, unter denen Trennungskinder leiden.

Die betroffenen Kinder kommen in einen Loyalitätskonflikt. Sie wollen beiden Eltern gerecht werden und sind innerlich zerrissen. Der Klassiker: Das Kind traut sich nicht, einem Elternteil gegenüber zuzugeben, dass es den anderen vermisst.

Vanessa, 36

Meine Tochter lebt in zwei Welten

Meine Tochter bekam von klein auf die ewigen Streitereien zwischen mir und meinem Mann mit. Nach der Trennung lebt sie bei mir, traute sich aber nicht, die verschiedenen Welten zusammenzubringen. Sie weigert sich etwa, wenn sie zu Hause ist, mit ihrem Vater zu telefonieren. Eines Abends, nach der Rückkehr von ihrem Vater, weinte meine Tochter abends im Bett und fand nicht in den Schlaf. Als ich sie fragte, warum sie traurig sei, antwortete sie, sie wisse es nicht. Ich nahm meine ganze Kraft zusammen und sagte: »Ich glaube, ich weiß, was los ist: Du vermisst deinen Papa. Das ist ganz normal und völlig in Ordnung.« Ich glaube, dieser Satz hat sie sehr erleichtert, denn sie weinte nur noch ganz kurz und schlief dann ein.

In dem Augenblick, in dem Vanessa die Gefühle ihrer Tochter dem Vater gegenüber anerkannte, löste sich das Dilemma für das Kind ein wenig und es konnte einschlafen.

Bei anderen Trennungskindern sind es die Übergänge von der Mutter zum Vater und umgekehrt, die schwierig und durch Brüll- und Verweigerungsorgien begleitet sind. Häufig ist das dadurch bedingt, dass zum Beispiel die Mutter mit und vor dem Kind über ihre Abneigungen gegen den Vater spricht. Dadurch kann es nicht ohne innere Schwierigkeiten zu ihm gehen. Holt der Vater das Kind nicht bei ihr, sondern aus der Kita ab, gibt es meist keine Probleme.

Konflikte zwischen den Eltern

Es sind solche lang andauernden Konflikte und Spannungen zwischen den Eltern, die es Kindern schwermachen. Oft haben sie dann das Gefühl, sie müssten Stellung beziehen oder sich für Mutter oder Vater entscheiden.

Wichtig ist für Eltern vor allem, dass sie Differenzen nicht auf dem Rücken der Kinder austragen, dass sie den anderen nicht schlechtmachen und dass sie stabil und liebevoll bleiben. Für das Erleben von Trennungen ist auch entscheidend, wie der Alltag gestaltet wird. Für Kinder ist es am besten, wenn sich wenig ändert und beide Elternteile präsent bleiben.

Eine Alleinerziehende sagte mir vor einiger Zeit, dass sie im Zuge der Trennung sehr schnell für sich beschlossen habe, dass ihr Kind das Recht darauf habe, beide Eltern zu lieben. Es darf also einen entspannten Kontakt zu dem Vater pflegen, ohne ein schlechtes Gewissen gegenüber der Mutter zu haben. Und das gelingt dadurch, dass sie sich verbietet, auch nur ein einziges schlechtes Wort über den Vater zu sagen. Wenn sie genervt und enttäuscht von ihm ist oder seine Erziehungsmethoden nicht gutheißt, lässt sie es höchstens ihn wissen, aber nicht das gemeinsame Kind. Ich war beeindruckt von der Einfachheit und dem offensichtlichen Erfolg ihres Prinzips.

Tatsache ist, dass Kinder unter der Trennung ihrer Eltern und besonders an den damit einhergehenden Konflikten leiden. Es ist wahrscheinlicher, dass sie Verhaltensauffälligkeiten zeigen, sie haben im Erwachsenenalter ein erhöhtes Trennungsrisiko und wachsen weit öfter in Armut auf als Kinder aus intakten Familien. Etwa 40 Prozent der Kinder, die bei einem Elternteil wohnen, leben unterhalb der Armutsgrenze.

Wenn sich eine Trennung durch die kompetente Führung eines Therapeuten vermeiden ließe, wäre das also in vielen Fällen die bessere Option. Wenn eine Beziehung zu kaputt ist, um gerettet zu werden, sollten sich die Eltern unbedingt um einen kühlen Kopf und gute Lösungen bemühen, um den Schaden auf Seiten der Kinder zu begrenzen.

Ich glaube daran, dass auch Scheidungskinder miteinander alt werden können. Arbeiterkinder müssen auch keine Arbeiter werden. Wir Scheidungskinder können unsere Prägung durchschauen und zumindest teilweise abschütteln. Deshalb müssen wir uns unserem statistischen Schicksal nicht ergeben, sondern auch wir können diamantene Hochzeit feiern. Wir müssen uns wahrscheinlich nur mehr bemühen als andere.

Beziehungstipps

- Pflichtbewusstsein allein sollte für dich kein Grund zum Zusammenbleiben sein, höchstens ein Ausgangspunkt dafür, euch wieder einander anzunähern.
- Wenn eure Beziehung kaputt ist, solltest du sie nicht den Kindern zuliebe aufrechterhalten, denn Kinder leiden vor allem an Konflikten.
- Mache dir bewusst, dass die Beziehung, die du und dein Partner eurem Kind vorlebt, entscheidend für seine späteren Beziehungen ist. Ihr seid sein Vorbild in Sachen Liebe.
- Schütze deine Kinder in bestehenden und in getrennten Beziehungen vor Streit, Wut und gegenseitigen Kränkungen und ermögliche ihnen die Liebe und den Kontakt zum jeweils anderen Elternteil.
- Beschließt ihr, trotz Differenzen zusammenzubleiben, solltet ihr gleichzeitig das Vorhaben fassen, an eurer Beziehung zu arbeiten und euren Umgang liebevoller zu gestalten. Für pures Aushalten ist das Leben zu kurz.

Rechtsstreit um Kinder

Wenn sich Eltern nach einer Trennung nicht über Umgang und Unterhalt einigen können, kommt es oft zum Rechtsstreit mit Gerichtsterminen. Das wird dann meist sehr langwierig und nervenaufreibend. Deshalb: Wenn ihr es vermeiden könnt, vermeidet es bitte. Es schont eure Nerven, euren Geldbeutel und vor allem eure Kinder.

Im Folgenden werde ich solche einen Rechtsstreit am Beispiel von Sabrina erzählen.

Sabrina, 42

Ohne Rechtsanwalt ging gar nichts

Jahrelang stritt ich mit meinem Exfreund um Unterhalt und Sorgerecht für unsere gemeinsame Tochter Lina. Der Streit setzte mir sehr zu und ich kann heute noch nicht gut darüber sprechen, denn es war einfach die Hölle. Als Friseurin mit einer Dreiviertelstelle verdiente ich gerade einmal genug, um die Wohnung und die Kita zu bezahlen. Für Lebensmittel blieb kaum noch etwas übrig. Die Stelle für Sozialhilfe verwies auf meinen Unterhaltsanspruch. Hätte meine Mutter damals nicht einmal die Woche für uns einen Großeinkauf gemacht, wäre es überhaupt nicht gegangen. Deshalb musste ich mir einen Anwalt nehmen.

Wie bei vielen Frauen nach einer Trennung ging es auch bei Sabrina um die Existenz. Direkt nach der Trennung bestand ihr Ex-Freund jedoch darauf, die Tochter im Wechselmodell (siehe unten) zu betreuen, um Unterhaltszahlungen zu vermeiden.

Betreuung im Wechselmodell

Der Gedanke hinter diesem Betreuungsmodell ist, dass Kinder zu etwa gleichen Teilen bei ihren Eltern bleiben. Das wünschen sich vor allem die Eltern zunehmend. Bis in die neunziger Jahre war es üblich, dass das gemeinsame Sorgerecht mit der Scheidung endete und der Mutter zukam, während der Vater Besuchsrecht erhielt. Das Wechselmodell sieht dagegen vor, dass kein Elternteil dem anderen Barunterhalt zahlt, da die Sorge zu gleichen Teilen beiden Eltern zukommt. Barunterhalt dient als Ausgleich für die Betreuungsleistung und somit den Erwerbsausfall des Partners, bei dem das Kind die meiste Zeit ist. Aus diesem Grund wird das Wechselmodell manchmal zum Mittel, Unterhaltszahlungen zu vermeiden.

Das Wechselmodell ist das Modell, das zu der angestrebten Aufenthaltslösung nach Trennungen werden soll. In den skandinavischen Ländern ist es heute schon viel üblicher als in Deutschland.

Umstritten ist das Modell bei jenen, die der Meinung sind, ein räumlich sicherer Lebensmittelpunkt sei für Kinder wichtig. Ich tendiere auch zu der Auffassung, dass sich bei zwei Wohnorten Probleme für das Kind ergeben können. Außerdem ist es in der Realität oft so, dass ein Wechselmodell zu teuer für die Familien ist, denn es bedeutet, dass in jedem Elternhaus ausreichend Raum für die Kinder ist. Beide Partner brauchen also eine recht große Wohnung und die entsprechenden finanziellen Mittel. Daher ist es in der Praxis derzeit so, dass es eher ein Modell für Besserverdienende ist. Zudem ist für das Wechselmodell ein friedlicher Umgang zwischen den Eltern erforderlich.

Manchmal ist ein Rechtsbeistand nötig

Wenn das Verhältnis zwischen den ehemaligen Partnern so zerrüttet ist, dass selbständige Absprachen und Einigungen aufgrund der Spannungen nicht möglich sind, können Gerichte helfen, eine Regelung zu finden. Vom Richter werden dann Umgang und Unterhalt festlegt, ohne dass weitere Absprachen dazu erforderlich sind. Allerdings ist diese Lösung teuer, langwierig und belastend. Wenn aber bei mindestens einer Partei keine Bereitschaft zur Einigung vorhanden ist, lässt sie sich kaum umgehen.

Sabrina, 42

Lina kam mit der Situation nicht klar

Mein Ex-Freund hatte sich bis zur Trennung kaum um unsere Tochter Lina gekümmert. Erst als er mich nicht mehr überzeugen konnte, zu ihm zurückzukehren, klammerte er sich an Lina und wurde zum engagierten Vater. Doch die damals Zweijährige ertrug den ständigen Wechsel der Wohnung und die unterschiedlichen Erziehungsstile von uns beiden nicht. Sie wurde ein halbes Jahr nach der Trennung verhaltensauffällig und bekam regelmäßig hysterische Wutanfälle von ungewöhnlichen Ausmaßen. Die Übergaben von mir zu meinem Ex-Freund und umgekehrt waren durch Brüllen und Strampeln begleitet, das sich oft erst nach Stunden legte.

Lina konnte sich zu der Zeit schon in ganzen Sätzen ausdrücken. Aber plötzlich verweigerte sie das Sprechen. Mir war klar, dass ich etwas unternehmen musste, ich ließ mich bei der Arbeiterwohlfahrt beraten und schaltete einen Anwalt ein. Der erste Tipp der Beraterin war, dass ich Lina bei mir melden sollte. Daraufhin wurde der Umgang mit dem Vater auf zwei Tage die Woche reduziert, damit meine Tochter ein festes Zuhause hatte. Aufgrund dieser Bestimmung standen mir dann Unterhaltszahlungen zu.

Mein Ex-Freund ging jedoch dagegen vor und zahlte weiterhin nicht. Er war der Meinung, dass ich nur auf Geld aus sei, das ich angeblich bräuchte, um Klamotten zu kaufen und mir Tattoos stechen zu lassen. Zeitweise versuchte er sogar, das alleinige Sorgerecht für sich zu beanspruchen. Doch da mir nichts vorzuwerfen war, blieb seine Forderung aussichtslos. Er weigerte sich während des gesamten Gerichtsverfahrens, das sich über mehrere Instanzen und insgesamt drei Jahre erstreckte, Unterhalt zu zahlen.

Mediatoren können eine günstigere Alternative sein, sofern sie einen Rechtstreit ersetzen, der durch Anwälte ausgefochten wird. Sie treten als Vermittler bei der Kommunikation zwischen den Partnern auf und helfen ihnen dabei, sich zielorientiert abzusprechen. Voraussetzung ist allerdings, dass beide Partner die nötige Bereitschaft aufbringen, für die Kinder und ihre eigenen Nerven zu einem konfliktärmeren Umgang zu finden.

Kinder als Waffe

Die meisten Rechtsstreitigkeiten um Kinder werden weit schneller beigelegt als die zwischen Sabrina und ihrem Ex-Freund. Doch da manche Parteien, insbesondere die, die für die Verhandlungen bezahlt werden, ein Interesse daran haben, den Konflikt möglichst lang hinauszuzögern und eskalieren zu lassen, werden Familienfehden oft zu teuren Rechtsangelegenheiten. Experten sehen Kinder dabei als Leidtragende:

»Es ist häufiger der Fall, dass elterliche Konflikte auf dem Rücken des Kindes ausgetragen werden, dass das Kind als Waffe benutzt wird, dass das Kind verbal und handlungsmäßig instrumentalisiert wird, um diesen Konflikt auszufechten.«[29]

So äußerte sich der Entwicklungspsychologe Prof. Wassilios Fthenakis und diesen Eindruck äußert auch Sabrina, die am Ende des Verfahrens das Aufenthaltsbestimmungsrecht für ihre Tochter und Unterhaltszahlungen von dem Vater des Kindes erhielt. Immer wieder betonte sie, dass sie diesen Streit nicht gewollt habe, besonders im Interesse ihres Kindes, doch dass sie keine Wahl gehabt habe. Hans-Peter Dürr schätzt, dass es an Familiengerichten eine Rate von 30 bis 50 Prozent von Falsch-Vorwürfen gibt, die den eigenen Interessen dienen.[30]

Beziehungstipps
- Überlegt euch ganz genau, ob ihr wegen Unterhalt oder Umgang vor Gericht gehen müsst, oder ob ihr euch auch außergerichtlich einigen könnt. Gerichtsverhandlungen sind für alle Beteiligten eine große finanzielle und emotionale Belastung.
- Sucht euch zunächst einen Mediator, der euch dabei unterstützen kann, eine friedliche Einigung zu finden. Vielleicht findet ihr auf diesem Weg eine Lösung.
- Lasst eure Kinder am besten vollkommen aus eurem Streit heraus und widersteht der Versuchung, sie für eure Zwecke zu instrumentalisieren und euren Ex-Partner schlecht zu machen.

Oft haben Frauen das Nachsehen

Mittlerweile kenne ich einige Geschichten von Trennungen, aber in keiner davon lief es glatt. Die Beteiligten verhielten sich weder besonders vernünftig, noch großzügig. Stattdessen kämpften sie: mal mehr, mal weniger laut, aber nie besonders freundlich. Frust und Ärger spielten eine große Rolle und spitzten sich während der Teilung der Besitztümer, der Wohnverhältnisse, des Umgangsrechts und gemeinsamer Verbindlichkeit weiter zu. Trennungen bedeuten deshalb häufig jahrelang gewachsene Konflikte, verletzte Gefühle und verhärtete Fronten.

Karin, 68

Frauen sind oft die Dummen – auch ich

Mein Mann war selbstständiger Handwerker, und weil ich finanziell nicht von ihm abhängig sein wollte, arbeitete ich Vollzeit als Erzieherin. Daneben kümmerte ich mich um die Kinder und den Haushalt und machte die Buchführung für seinen Betrieb. Irgendwann begann er eine Affäre mit seiner Sekretärin. Als ich langsam dahinterkam, leugnete er das lange. Vermutlich wollte er die Firma schützen. Der Konflikt schwelte und eskalierte endgültig, als sich meine Eltern einmischten und die Wahrheit aufdecken wollten. Ich fühlte mich total beschissen, saß zwischen allen Stühlen, war verletzt und beschämt. Irgendwann ergriff ich die Flucht und zog so weit wie möglich weg.

Als es um das Verteilen unseres gemeinsamen Besitzes ging, war mein Mann der Meinung, dass er als Unternehmer den größten Teil zu unseren Vermögenswerten beigetragen habe und dass ihm deshalb mehr zustehe als mir. Durch die Zugewinngemeinschaft in unserer Ehe hätte ich rechtmäßig Anspruch auf die Hälfe des gemeinsamen Vermögens gehabt, da wir bei null angefangen hatten. Ich hatte das Unternehmen mit aufgebaut und über zehn Jahre die Buchhaltung und sämtliche Bürotätigkeiten übernommen – und das neben Kindern und Haushalt. Aber für meinen Mann war seine Tätigkeit als Handwerker wertvoller. Letztlich hatte ich nicht die Kraft, mich auf einen Streit einzulassen, und gab meinem Mann in vielen Punkten nach, wodurch ich weniger bekam, als mir zugestanden hätte.

Geringschätzung unbezahlter Familienarbeit

Viele Männer fühlen sich betrogen, wenn es nach Trennungen um die Aufteilung von Gütern und um das Umgangsrecht geht. Sie fühlen sich als Zahlmeister, während die Frauen ihrer Ansicht nach mehr bekämen, als ihnen nach ihrem gefühlten Rechtsverständnis zustünde. Diese Ansicht zeigt sich regelmäßig beim Verhandeln des Unterhaltsanspruchs.

Dem liegt ganz offensichtlich eine Geringschätzung unbezahlter Familienarbeit zugrunde. Diese Betreuungsarbeit und die Arbeit im Haushalt – auch wenn sie jahrelang neben einer Vollzeittätigkeit geleistet wurde – hat in den Augen zumindest dieser Männer weniger Wert als Erwerbsarbeit. Denn tatsächlich ist diese Art von Arbeit meist unsichtbar, solange sie geleistet wird. Oft ist es so, dass erst dann, wenn eine Mutter – etwa durch eine Operation und einen längeren Krankenhausaufenthalt – ausfällt, für alle Beteiligten sichtbar wird, was sie täglich leistet. Fällt sie jedoch nie aus, kann die Arbeit, die sie leistet, mit Leichtigkeit unterschätzt werden.

Im letzten Lebensabschnitt zeigt sich dann, dass diese Geringschätzung ein gesellschaftliches Ausmaß hat. Weil Frauen wegen der Pflege und Betreuung von Kindern und Angehörigen ihre Arbeitszeit öfter reduzieren und überhaupt weniger verdienen, ist ihre Rente im Schnitt nur halb so hoch wie die der Männer.

Ich habe diese Themen ganz offen mit meinem Mann besprochen. Dabei haben wir auch immer mal wieder den Fall einer Trennung gedanklich durchgespielt. Das war nicht besonders angenehm oder romantisch, aber es hat mir die Sicherheit gegeben, dass die Welt auch in diesem Fall nicht untergehen würde und dass er durchaus anerkennt und im Falle des Falles honorieren würde, dass ich beruflich jahrelang weniger gemacht habe als er.

Inzwischen kenne ich auch einige Paare, die sich nach ihrer Trennung um Gerechtigkeit bemüht haben. Der besserverdienende Partner zahlte freiwillig zu dem, was gesetzlich vorgesehen war, Rentenbeiträge für den Ex-Partner bzw. die Ex-Partnerin ein. Statistisch handelt es sich allerdings eher um Einzelfälle, aber sie zeigen ein Umdenken, das beispielhaft sein sollte.

 Beziehungstipps
- Unterzeichne keinen Ehevertrag mit Regelungen, die deutlich zu deinem Nachteil sind, sondern setze dich für deine Interessen ein.
- Sprecht am besten schon während der Beziehung nüchtern und sachlich über den Fall einer Trennung und trefft gemeinsam Regelungen, um der Benachteiligung eines Partners vorzubeugen.
- Wenn ihr im Anschluss an eine Trennung oder Scheidung die Güter trennt, kalkuliert nicht nur materielle Güter mit ein. Auch die Sorge für gemeinsame Kinder oder Angehörige hat einen Wert, und eine Entscheidung für die Erwerbsreduzierung wurde meist von beiden Partnern getroffen.
- Bemüht euch um einen Ausgleich für den Partner, der beruflich zeitweise kürzergetreten ist. Auch über die Rente solltet ihr nachdenken.

Kindesunterhalt

Zwar sind viele Väter damit einverstanden, dass die gemeinsamen Kinder nach der Trennung bei ihrer Mutter wohnen – schließlich steht es selten zur Debatte, dass sie ihre Berufstätigkeit wegen ihrer Kinder einschränken. Aber viele sind nicht oder nur sehr eingeschränkt bereit, den Unterhalt für gemeinsame Kinder zu zahlen.

Von den unterhaltsberechtigten Alleinerziehenden erhält nur etwa die Hälfte den Unterhalt, der ihnen zusteht. Der Mindestunterhalt richtet sich dabei nach den Werten der Düsseldorfer Tabelle. Etwa ein Viertel der Unterhaltsberechtigten erhält unregelmäßige, das restliche Viertel keine Zahlungen.[31] Wer trotz Anspruch keinen oder unregelmäßig Unterhalt bekommt, kann Unterhaltsvorschuss beantragen. Diese Zahlungen versucht sich der Staat dann von den zahlungspflichtigen Elternteilen zurückzuholen.

Früher konnte diese Leistung nur bis zur Vollendung des zwölften Lebensjahrs des Kindes und für höchstens sechs Jahre in Anspruch genommen werden. Seit 2017 wird der Unterhaltsvorschuss zeitlich unbegrenzt bis zur Vollendung des 18. Lebensjahrs ausgezahlt. Diese Änderung dient in erster Linie der finanziellen Unterstützung von Alleinerziehenden und der Vorbeugung gegen Kinderarmut.

Ein Drittel der Kinder in Alleinerzieherhaushalten war 2016 durch Armut gefährdet; das waren dreimal so viele wie in Haushalten mit Kindern im Allgemeinen. Die Hälfte der Kinder, die in Hartz-IV-Haushalten groß werden, lebt mit nur einem Elternteil. Damit gehören Alleinerziehende neben Arbeitslosen und Familien mit mehr als zwei Kindern zu der Gruppe, die am stärksten von Armut bedroht ist.[32]

Die »betrogenen« Väter

Oft fühlen sich Väter von ihren Ex-Partnerinnen aufgrund der Unterhaltsforderungen ausgebeutet und beschweren sich über angeblich ruinöse Forderungen. In einschlägigen Männerzeitschriften und Foren beklagen sie sich zahlreich über ihre Ex-Frauen und darüber, dass sie aufgrund der Unterhaltszahlungen kaum noch über die Runden kämen. Es gibt sogar Ratgeber, die Männer darüber aufklären, dass es keine Konsequenzen für sie habe, wenn sie das Land verließen und damit ihre Unterhaltspflicht umgingen. Der bekannteste selbsternannte »Männeraktivist« Detlef Bräunig plädiert etwa öffentlich dafür, keinen Unterhalt zu zahlen.[33]

Derartige Beiträge lassen sehr gut die Geringschätzung der Väter für ihre ehemaligen Partnerinnen und die von ihnen geleisteten Erziehungsarbeit erkennen. Auch dass hier die Eltern vor allem gegeneinander und weniger um das Kindeswohl kämpfen, lässt sich erahnen. Alleinerziehende Mütter, die Unterhalt für gemeinsame Kinder verlangen, werden als gierig und egoistisch dargestellt, weil sie angeblich nicht an die Lage des Ex-Mannes denken.

Mit der Realität haben diese Ansichten wenig zu tun. Alleinerziehende leben nicht aus Spaß mit einem hohen Armutsrisiko. Der Unterhalt wird einkommensabhängig bemessen und stellt allein durch den Selbstbehalt keine objektive Existenzbedrohung dar. Die Kosten für Kinder sind allerdings hoch. Doch da Väter auch während des Bestehens der Ehe oder der Beziehung häufig nicht diejenigen sind, die Essen, Kleidung und alles Notwendige für Kinder besorgen, unterschätzen sie die Kosten dafür. Kinder kosten durchschnittlich 584 Euro im Monat.[34] Kleine Kinder sind etwas günstiger als größere Kinder. Doch Kosten für Kita und Hort sind bei dieser Zahl, die das statistische Bundesamt ermittelt hat, noch nicht enthalten. Es handelt sich nur um die laufenden Konsumausgaben.

Jugendamt als Vermittler

Ein für viele Unterhaltspflichtige schwerwiegendes Problem scheint darin zu liegen, dass sie den Unterhalt auf das Konto ihrer Ex-Partnerin überweisen müssen. Denn sie haben den Verdacht, dass ihre Ex-Frau, der sie gewöhnlich einiges vorzuwerfen haben, das Geld für eigene Interessen ausgibt, dass sie etwa Kleidung für sich kauft, statt die Kinder zu versorgen. Dieser Vorwurf zeigt, dass viele die tatsächlich anfallenden Kosten für ein Kind gar nicht kennen.

Eine Möglichkeit zur Behebung des Problems könnte darin bestehen, den Unterhalt über das Jugendamt abrechnen zu lassen. Das heißt, dass unterhaltspflichtige Väter, die durch Säumnisse aufgefallen sind, die Unterhaltszahlungen direkt an das Jungendamt richten müssen, das das Geld dann an die Mutter weiterleitet. Das ist allerdings nur eine Idee von mir. Bislang ist es nämlich so, dass Alleinerziehende, die keinen oder nur unregelmäßig Unterhalt bekommen, einen Unterhaltstitel beim zuständigen Jugendamt erwirken können. Hierzu bedarf es allerdings einer Unterschrift, mit welcher der Schuldner die Schuld anerkennt. Zu dieser sind viele Unterhaltspflichtige jedoch nicht bereit. In diesem Fall kann man einen Unterhaltstitel per Klage erwirken. Davor schrecken viele Alleinerziehende jedoch zurück, da sie sich vor den Kosten und den Konsequenzen für ihre und die Nerven ihres Kindes fürchten.

Familien mit nur einem Elternteil sind von Armut bedroht, wenn der eine Elternteil ein geringes Einkommen hat und es dem anderen an der Zahlungsmoral mangelt. Würden Alleinerziehende finanziell gestärkt, wäre dies auch ein Mittel gegen die bestehende Chancenungleichheit. Denn in diesem Punkt hinkt Deutschland seit Jahren hinter anderen OECD-Ländern her: Wenn die Eltern kein Abitur haben, liegt die Chance auf ein abgeschlossenes Hochschulstudium für die Kinder nur bei 15 Prozent.

Im Jahr 2018 erreichte nur jeder Vierte in Deutschland einen Bildungsabschluss, der höher war als der seiner Eltern. Zum Vergleich: Im OECD-Schnitt waren es 41 Prozent, in Finnland sogar 51. Armut wird in Deutschland also tendenziell an die Kinder weitergegeben.[35]

Beziehungstipps
- Denke daran, dass Barunterhalt zum einen angesichts der realen Kosten von Kindern recht knapp kalkuliert ist, und zum anderen dafür gedacht ist, ein niedrigeres Einkommen des hauptsächlich betreuenden Elternteils auszugleichen.
- Stelle im Zweifel detaillierte und beispielhafte Auflistungen deiner Ausgaben für das Kind zusammen.
- Mache dir bewusst, dass es angesichts der hohen Armutsgefährdung Alleinerziehender nicht um Luxusfragen, sondern um existenzielle Bedürfnisse geht, wenn Unterhaltsfragen verhandelt werden.
- Schöpfe im Notfall sämtliche Rechtsmöglichkeiten aus, um zu bekommen, was dir zusteht.

Alleinerziehend – so war das nicht gedacht

Wer ein Kind plant, rechnet meist nicht damit, irgendwann alleinerziehend zu sein. Der Begriff »alleinerziehend« ist hierzulande mit Armut, Erschöpfung und Überlastung verbunden. Denn im Grunde braucht man jede Hilfe und jeden Beistand, den man bekommen kann, um Kinder großzuziehen. Das leuchtet einem spätestens dann ein, wenn man ein Kind hat. Man braucht einfach jemanden, der mit in diesem instabilen Boot sitzt und Verständnis hat. Wenn es Probleme gibt, ist ein Gegenpol gut oder eine zweite Meinung. Für Kinder ist es von Vorteil, wenn sie zum anderen Elternteil gehen können, wenn sie sich mit dem einen verkracht haben oder wenn er ihnen einfach auf den Geist geht oder zu langweilig ist. Ganz Mutige behaupten sogar, es braucht möglichst viele Leute, ein Dorf etwa oder eine Kommune, zumindest eine offene Gemeinschaft, um Kinder großzuziehen und Eltern nicht über Gebühr zu strapazieren.

Ich habe in den letzten Jahren viele Alleinerziehende kennengelernt. Keine von ihnen entsprach dem Bild, das Reality Shows vermitteln. Es handelt es sich ausnahmslos um starke, um Unabhängigkeit bemühte Frauen, die es ihren Kindern an nichts fehlen lassen wollen. Sie bemühen sich um einen hilfreichen und großen Freundes- und Bekanntenkreis und erziehen glückliche, starke und kompetente Kinder. Abgesehen von finanziellen Sorgen und dem gelegentlichen Mangel an Freiheiten geht es den meisten von ihnen ziemlich gut.

Ein Einkommen reicht oft kaum aus

Alleinerziehende, die oft vergleichsweise wenig Geld zur Verfügung haben, weil nur ein Einkommen da ist und die beruflichen Möglichkeiten (etwa von Überstunden) durch Kinder eingeschränkt sind, geben im Normalfall einen Großteil für den gemeinsamen Lebensunterhalt aus, das heißt Wohnung, Essen und Kleidung. Für Kultur und Extras bleibt wenig. Die Ansprüche auf Unterhalt, der in den meisten Fällen vom Vater des Kindes zur alleinerziehenden Mutter fließt, kommen dadurch zustande, dass Frauen noch immer deutlich weniger verdienen als Männer und mit Kindern tendenziell weniger arbeiten. Der reale Lohnunterschied zwischen Männern und Frauen liegt derzeit bei 21 Prozent. Gründe dafür gibt es viele: Frauen suchen sich schlechter bezahlte Jobs, verhandeln schlechter oder stecken häufiger für die Familie zurück (für Kinder oder pflegebedürftige Angehörige).

Katharina, 34

Ich habe keinen finanziellen Spielraum

Ich bin alleinerziehend und verdiene als Sekretärin etwa 2 100 Euro brutto in Vollzeit. Da bekomme ich etwa 1 500 Euro netto heraus. Dazu erhalte ich Kindergeld, derzeit 192 Euro monatlich. Ich zahle etwa 600 Euro für die Miete und 200 Euro Kitabeitrag. Mit dem, was übrigbleibt, kommen wir einigermaßen zurecht. Unterhalt bekomme ich keinen, denn mein Ex-Mann ist zahlungsunfähig. Zurzeit denke ich über eine Weiterbildung oder Zusatzausbildung nach. Aber wenn diese nicht durch eine volle Berufstätigkeit bzw. ähnliche Bezahlung begleitet ist, kommt sie nicht infrage, denn eine Reduzierung meiner Arbeitsstunden ist finanziell kaum machbar. Mein Leben lässt einfach keinen Raum für mehr als eine Vollzeitstelle und meinen Sohn. Am liebsten würde ich weniger arbeiten, damit es zeitlich nicht so eng ist und damit mein Sohn nicht immer der Letzte ist, der aus der Kita abgeholt wird. Aber ich weiß nicht, an welcher Stelle ich sparen sollte, um den Lohnverlust aufzufangen.

Eine andere Alleinerziehende, die ich kennenlernte, konnte ihre finanzielle Not dadurch mindern, dass sie sich mit einem neuen Partner zusammentat, mit dem sie inzwischen ein weiteres Kind bekam. Zwar ärgert sie sich – wie fast alle Alleinerziehenden – über Eigenarten und die Unzuverlässigkeit des Ex-Partners, aber abgesehen davon geht es ihr gut. Durch den Vater ihres zweiten Kindes ist es ihr möglich, nur halbtags zu arbeiten. Auf diese Weise kann sie den Kindern weit besser gerecht werden und die verschiedenen Wege zu Kita und Schule täglich bewältigen.

Selbstbewusste Alleinerziehende

In den letzten Jahren wurden immer mehr Stimmen von Müttern laut, die sich gegen die mitleidigen Blicke auf Alleinerziehende zur Wehr setzten. Manche von ihnen haben sich ganz bewusst für ein Kind ohne Mann entschieden. Andere haben es geschafft, die Trennung für die Kinder so schonend wie möglich über die Bühne zu bringen und sich ohne Anwälte und Gerichte mit dem Vater zu einigen. Sie haben eine zufriedenstellende Unterhaltsvereinbarung getroffen, an die sich alle halten, und die Kinder haben zu beiden Elternteilen ein entspanntes Verhältnis.

Caroline Rosales hat in ihrem Buch »Single Mom« gezeigt, dass »alleinerziehend« nicht notwendigerweise Armut und Tristesse bedeutet. Sie führt vor, wie sie durch die Trennung zu einem gestärkten Selbstbewusstsein und in eine erfüllende Berufstätigkeit zurückfand. Ihr Leben ist weit entfernt vom Klischeeelend. Natürlich ist auch sie durch die Anforderungen des Alltags, den sie meist allein zu organisieren hat, stark beansprucht. Aber sie fühlt sich ohne ihren Ex-Mann auch freier und selbstbestimmter.

Die wachsende Zahl der Alleinerziehenden führt Tag für Tag vor, dass Kinder nicht unbedingt eine Kleinfamilie mit Vater, Mutter, Kind für ein gesundes und selbstbewusstes Heranwachsen brauchen.

 Beziehungstipps
- Als Alleinerziehende bist du wahrscheinlich stärker durch Armut gefährdet und leidest mit größerer Wahrscheinlichkeit unter Einsamkeit.
- Ein verlässliches Netz von Helfern, Freunden und Verwandten kann dich unterstützen.
- Sieh dich nach Angeboten und Zusammenschlüssen speziell für Alleinerziehende in deiner Nähe um, zum Beispiel Patenschaften, Kurangebote, Netzwerke und Beratungsstellen.

6 Zukunftsträume

Wo die Probleme liegen, sollte inzwischen deutlich geworden sein. Mütter sind allzu oft wirtschaftlich, emotional und von den Belastungen her die Verlierer, wenn Kinder die Bühne betreten. An ihren Problemen scheitern langfristig und oft Beziehungen und Ehen.

Die Scheidungsanwältin Helene Klaar antwortete in einem Interview auf die Frage, wie sie und ihr Mann es trotz zweier Kinder geschafft hätten, zusammenzubleiben:

»Wir haben nie geglaubt, dass uns das pure Glück erwartet. Wir haben nicht an die Fernsehwerbung geglaubt, die einem vormacht, wenn man den Kindern die richtige Windel umschnallt, tanzen sie Cancan, schreien nie, und man kann wunderbar kochen und hübsch sein und aufregenden Sex haben. Außerdem haben mein Mann und ich feste politische Überzeugungen und sind der Meinung, dass an allem wirklich Schlechten der Kapitalismus schuld ist. Daher lassen wir uns nicht gegeneinanderhetzen.«[36]

Und tatsächlich hat sie damit zwei wichtige Punkte angesprochen. Zum einen ist es klug, seine Erwartungen realistisch zu gestalten und weder den Partner noch sich selbst allzu sehr verändern zu wollen. Zum anderen ist es immer verdächtig, wenn viele Menschen genau dasselbe Problem haben. In diesem Fall sind es Mütter, die fast alle über ähnliche Dinge klagen. Die Schuld dafür sollten wir nicht nur bei einzelnen, sondern gesamtgesellschaftlich suchen.

Ich werde nun ein paar Möglichkeiten skizzieren, mit denen wir den Schwierigkeiten, die ich hoffentlich deutlich machen konnte, begegnen können. Dabei handelt es sich um politische und gesellschaftliche Lösungsansätze, aber auch um Möglichkeiten, die uns allen dafür offenstehen, um unsere Schwierigkeiten im Kleinen anzugehen.

Was kann die Politik für Familien tun?

Politische Maßnahmen haben die Macht, in die Lebensgestaltung von Menschen einzugreifen und sie zu verändern. Wie Statistiken deutlich zeigen, werden Entscheidungen zum Beispiel darüber, wer in Elternzeit geht und wie lange, stark von staatlichen Rahmenbedingungen beeinflusst.

Martin Bujard, der sich intensiv mit dem Zusammenhang zwischen familienpolitischen Maßnahmen und der Geburtenrate beschäftigt, kommt zu dem Schluss, dass die Familienpolitik eines Landes vor allem langfristig Wirkung zeigt, wenn sie sich auch nicht direkt steuern lässt.

»Allerdings zeigen die Erfahrungen anderer Länder, dass das Zusammenspiel von Betreuungsangeboten, finanziellen Transfers und familienfreundlichen Arbeitsmarktregelungen Menschen hilft, ihre Kinderwünsche umzusetzen oder sogar den konkreten Wunsch nach Familie entstehen lassen. Man kann auch anhand anderer Länder lernen, dass die kulturelle Akzeptanz von arbeitenden Müttern wichtig ist. Ebenso, dass eine familienpolitische Strategie, die sich am Einverdienermodell der 1950er-Jahre orientiert, heute in allen Industrieländern zu extrem niedrigen Geburtenraten führt.«[37]

Ein Ziel deutscher Familienpolitik ist schon lange, dass die Geburtenrate steigt, weil unser Sozial- und insbesondere das Rentensystem darauf angewiesen ist, dass es genug junge Menschen gibt, die es mit ihrer Arbeit finanzieren.

Wenn heute weniger Kinder geboren werden, zahlen später zu wenige in das Sozialsystem ein. Die Politik hat dieses Problem erkannt. Nicht ohne Grund wird in Deutschland am Elterngeldsystem gedreht. Der erwünschte Effekt einer deutlich höheren Geburtenrate bleibt bislang jedoch aus. Wenn es auch in den letzten Jahren kleine Anstiege gab, liegt die Rate weiterhin deutlich unter dem Bestandsniveau von 2,1. 1994 lag die Geburtenrate bei einem Tief von 1,24.

Seitdem ist sie leicht gestiegen und lag im Jahr 2016 auf dem Rekordhoch von 1,5 Kindern pro Frau – so hoch wie seit 33 Jahren nicht mehr. Allerdings haben vor allem Frauen mit ausländischer Staatsangehörigkeit zu dieser Steigerung beigetragen. Weiterhin kommt der Anstieg auch dadurch zustande, dass das Alter von Erstgebärenden stetig zugenommen hat und derzeit bei etwa 29 Jahren liegt. Jetzt bekommen die Frauen Kinder, die zwischen 1980 und 1990 geboren sind und sich bislang noch Zeit damit gelassen haben.

Werden Väter politisch dazu motiviert, in Elternzeit zu gehen, wirkt sich das ebenfalls positiv auf die Geburtenrate aus, wie die oben genannte Studie zeigte. Denn Kinder stellen eine geringere Belastung dar, wenn Eltern sich die Verantwortung für sie teilen.

Viele würden gern weniger arbeiten

Einer aktuellen Studie zufolge würden junge Menschen genau in dem Alter, in dem Frauen gerne Kinder bekommen würden, nämlich zwischen 30 und 40, gern weniger arbeiten. Die bevorzugte Wochenstundenzahl liegt der Forsa-Umfrage zufolge bei 31 statt 38 Stunden.[38] Die bereits zitierte Studie zu Familienpolitik und Geburtenrate konnte auch feststellen, dass sich die Teilzeitquote positiv auf die Geburtenrate auswirkt, womit ein weiteres Mal deutlich wird, dass es bei Familien einen starken Bedarf nach Arbeitszeitreduzierung gibt.

Junge Leute und besonders Eltern wünschen sich einhellig eine bessere Vereinbarkeit von Beruf und Familie. Daher könnte eine Regelung sinnvoll sein, nach der Eltern von Kindern unter sechs Jahren die Möglichkeit bekämen, die Arbeitszeit auf etwa 30 Stunden pro Woche zu kürzen. Damit stünden 20 zusätzliche Stunden pro Woche zur Verfügung, die im Moment auf das alleinige Konto der deutschen Durchschnittsmutter gehen.

Auch der Arbeitszeitforscher Rainer Trinczek schätzt, dass sich in Zukunft immer mehr Konflikte zwischen Arbeitgebern und Gewerkschaften um Vereinbarkeit und Zeitsouveränität drehen werden. Es geht vielen Arbeitnehmern nicht mehr unbedingt um mehr Geld, son-

dern eher um die Reduzierung von Arbeitszeit oder eine stärkere Flexibilität.

Mit diesem Recht auf Reduzierung der Arbeitszeit für Väter und Mütter wären Phasen mit weniger Arbeitsumfang und damit eine gleichberechtigte Aufteilung von Familienarbeit weit besser möglich. Wenn es zudem einen finanziellen Ausgleich gäbe, etwa in Form von Steuerfreibeträgen, würden vermutlich nur wenige Arbeitnehmer auf ihr Recht zur Arbeitszeitreduzierung verzichten. Und es wäre häufiger nicht nur ein Elternteil, wie derzeit üblich, das zeitweise beruflich kürzertritt.

Der Arbeitsausfall wäre in vielen Branchen vermutlich verkraftbar, da Angestellte in Büros in acht Stunden selten mehr schaffen als in sechs. Doch das ist von Bereich zu Bereich verschieden. Hier muss es individuelle Lösungen geben, bei denen die Arbeitgeber nicht allzu starke Einbußen haben dürften.

Eltern sind produktiver

Wie ein Forschertrio der Universitäten Konstanz und Zürich belegen konnte, sind Eltern am Arbeitsplatz oft produktiver als kinderlose Kollegen.[39] Neben einer stärkeren Belastbarkeit liegt das auch daran, dass sie immer ein schlechtes Gewissen haben, weil sie häufiger krankheitsbedingt ausfallen als kinderlose Arbeitnehmer. Zudem sind sie dankbarer, dass sie trotz ihrer Kinder überhaupt einen Job haben, und dadurch häufig motivierter. Es ist ähnlich wie beim Homeoffice: Wer von zu Hause arbeitet, hat am Ende der Woche mehr geschafft als im Firmenbüro.

Arbeit in der Zukunft

Wenn man den Zukunftsprognosen von Experten glaubt, werden die Arbeitsplätze in den Industrieländern mit der Zeit immer weniger. Der Grund ist die Digitalisierung und die mit ihr einhergehende Automatisierung. Viele Bereiche, wie etwa die Autoindustrie, werden in den kommenden Jahren immer stärker Stellen abbauen. Wir werden nach und nach durch Roboter ersetzt. Soll die Kaufkraft erhalten bleiben – so lautet etwa die Prognose des Fernsehphilosophen Richard David Precht –, wird es in nicht allzu ferner Zukunft ein bedingungsloses Grundeinkommen geben müssen.[40] Arbeit wird weiterhin vorhanden sein, jedoch nicht genug, um eine Vollbeschäftigung für den Großteil der Menschen zu gewährleisten. Eine Arbeitszeitreduzierung für Eltern kleiner Kinder wäre ein erster Schritt, sich den kommenden Herausforderungen zu stellen.

In vielen plausiblen Zukunftsvisionen werden Umschulungen an der Tagesordnung sein, denn eine stärkere Flexibilität ist nötig, um die neuen, schnell wechselnden Aufgaben zu bewältigen. Gerade im technischen, sozialen und im kreativen Bereich wird es weiterhin Arbeitsmöglichkeiten für Menschen geben und weil sich diese Bereiche schnell wandeln können, müssen entsprechende Lösungen zu Um- und Weiterschulungen gefunden werden.

Kinderbetreuung verbessern

Was Familien brauchen, ist ein Umfeld, das ihnen entgegenkommt und ihren Bedürfnissen entspricht. Dazu gehört die Möglichkeit, zu arbeiten und die Kinder während dieser Zeit kompetent und liebevoll betreuen zu lassen. Hier besteht Nachholbedarf, was die Krippen und Kitas in Deutschland angeht.

Derzeit gibt es in Großstädten die Möglichkeit, dass Eltern, die selbstständig sind, sich in Co-Working-Spaces mit Kinderbetreuung einmieten. Dort können Kinder im Nebenraum betreut werden, während die Eltern arbeiten. Da es sich jedoch um ein privat betriebenes Angebot handelt, sind die anfallenden Kosten recht hoch. Auch Kosten für Kinderbetreuung in den eigenen vier Wänden müssen Eltern derzeit komplett selbst tragen.

Es wäre wünschenswert, wenn das Geld, das für die Kinderbetreuung in Deutschland vorgesehen ist und von den Bundesländern aufgebracht wird, flexibler einsetzbar wäre. Derzeit ist es so, dass nur dann staatliche Zuschüsse für die Kinderbetreuung fließen, wenn ein Kind eine Betreuungseinrichtung besucht. In Finnland etwa wird Eltern, die sich dafür entscheiden, ihr Kind in den ersten drei Jahren zu Hause zu betreuen, das »Koti-Hoi-Dontuki« ausgezahlt, ein Betreuungsgeld, das sich nach dem letzten Einkommen richtet und im Schnitt bei 330 Euro liegt. Etwa die Hälfe der finnischen Eltern nimmt es in Anspruch.

Nach den 14 Monaten, in denen in Deutschland Anspruch auf Elterngeld besteht, erhalten Eltern hierzulande keine Zahlungen mehr, falls ihr Kind keine Betreuungseinrichtung besucht, obwohl der Staat an diesen Kindern viel Geld spart.

Beziehungstipps

- Tritt vor deinem Arbeitgeber selbstbewusster auf, wenn es darum geht, Familie und Job besser zu vereinbaren (wichtige Meetings vormittags, Möglichkeiten zum Homeoffice) oder Stunden zu reduzieren. Für das Bedürfnis nach mehr Zeit mit der Familie solltest du dich nicht schämen.
- Trau dich, ein Vorbild zu sein und als erster Vater im Unternehmen für mehr als zwei Monate in Elternzeit zu gehen oder als Mutter nach zwei Monaten wieder zu arbeiten.
- Werdet politisch aktiv, setzt euch für familienfreundliche Visionen ein und nutzt die Kraft eurer Stimme in der Öffentlichkeit und bei der nächsten Wahl.

Armutsfaktor Kind

Wer sich – anders als ich – vor der ersten Schwangerschaft mit den finanziellen Konsequenzen beschäftigt, die die Geburt eines Kindes mit sich bringt, der bekommt Angst. Kinder sind ein wesentlicher Faktor, wenn es um das Armutsrisiko geht. Dem aktuellen Armutsbericht zufolge steigt die Zahl der als armutsgefährdet geltenden Personen. Risikogruppen sind neben Erwerbslosen nach wie vor Alleinerziehende und kinderreiche Familien.

Auch bei den Renten ließ sich ein starker Anstieg der Armutsgefährdung feststellen. Vor allem Frauen sind Verlierer bei der Rente. Sie beziehen im Schnitt 57 Prozent weniger Rente als Männer. Grund für diese Kluft ist die niedrigere Erwerbsbeteiligung von Frauen und eine hohe Teilzeitquote, häufig aufgrund von Kindern oder der Pflege von Angehörigen.

Geringeres Familieneinkommen

Das Armutsrisiko von Familien und Alleinerziehenden kommt nicht etwa dadurch zustande, dass Kinder viel brauchen. Zwar erhöht sich mit Kindern im Haushalt der Bedarf an Wohnraum und weil Kinder immer wachsen, brauchen sie auch permanent neue Kleidung. Was aber am stärksten zu Buche schlägt, ist das wegfallende oder geringere Einkommen in Haushalten mit Kindern, da meist die Frau weniger oder – mit mehreren Kindern immer wahrscheinlicher – gar nicht mehr erwerbstätig ist.

Zudem ist eine der stärksten Familienförderungen des deutschen Staates – nämlich der Steuervorteil durch das Ehegattensplitting – an Heirat gebunden und nicht an Kinder. Paare, die nicht verheiratet sind und Kinder bekommen, werden mit der Steuerklasse eins am stärksten besteuert. Alleinerziehende zahlen nur geringfügig weniger Steuern als Alleinstehende, obwohl sie oft die Alleinlast der Versorgung ihrer Kinder tragen.

Ehegattensplitting beenden

Die Steuerberaterin und Mitbegründerin des Netzwerks »Fair für Kinder«, Reina Becker, hat dieser Ungerechtigkeit den Kampf angesagt. Als sie mit ihrem Mann und ihren zwei Töchtern zusammenlebte, profitierte sie mit ihrem Einkommen vom Ehegattensplitting. Nach dem Tod ihres Mannes, der Ruheständler gewesen war und damit ein sehr viel geringeres Einkommen erzielt hatte als seine Frau, änderte sich jedoch ihre Steuerklasse. Ihr wurden nicht mehr 34, sondern der Spitzensteuersatz von 42 Prozent vom Gehalt abgezogen. In Zahlen bedeutet das, dass das Finanzamt nun 7 500 Euro pro Jahr mehr von der Witwe bekommt.[41]

Obwohl sie mit Steuerfragen vertraut ist, konnte sie kaum glauben, dass sie, die allein für zwei Kinder zu sorgen hat, weit höher besteuert wird als kinderlose Ehepaare. Und sie beschloss, gegen diese ungerechte Steuerregelung vor Gericht zu ziehen und sich durch sämtliche Instanzen zu klagen. Sie führt in der Begründung dieses Schrittes aus, dass die Regelung des Ehegattensplittings vor allem Partner unterstützt, bei denen einer weit mehr als der andere verdient. Partner, die beide wenig verdienen, profitieren kaum von dem Splitting, da sie in der Regel keine großen Einkommensunterschiede haben.

Das führt zu der seltsamen Situation, dass es steuerlich weit günstiger ist, einen Ehegatten zu unterhalten als ein studierendes Kind. Deshalb will Becker dafür sorgen, dass die Steuerfreibeträge für Kinder drastisch erhöht und die Benachteiligung von verwitweten Steuerzahlern beseitigt werden. Bislang hatte Reina Becker keinen Erfolg auf ihrem Klageweg. Doch sie wird weitermachen und Alleinerziehende mit Hilfe des Netzwerks »Fair für Kinder – Gerechte Besteuerung von Alleinerziehenden« in ihrem Anliegen unterstützen.

Dabei stellt sich ihr allerdings häufig ein praktisches Problem: Da Alleinerziehende durch Berufstätigkeit und Kinder stark belastet sind, haben sie kaum Zeit für politisches Engagement. Reina Becker ist eine vergleichsweise wohlhabende Alleinerziehende. Die meisten Alleinerziehenden sind jedoch arm und überlastet, was dazu führt, dass sie wenig Ressourcen haben, um sich für ihr Anliegen zu engagieren.

Armutsquote senken

Das erste Anliegen der Familienpolitik sollte es sein, die Armutsquote bei Kindern zu senken. Besonderes Augenmerk muss dabei auf den Alleinerziehenden liegen, wie der aktuelle Familienreport zeigt:

44 Prozent der Haushalte von Alleinerziehenden sind armutsgefährdet. Ihr Armutsrisiko ist mehr als viermal so hoch wie bei Paarfamilien mit ein oder zwei Kindern.[42]

Dass die Trennungs- und Scheidungsraten steigen, ist ein Trend, der sich trotz deutlicher finanzieller Nachteile von Einverdienerhaushalten fortsetzt. Der Staat kann die Menschen also nicht gegen ihren Willen in Beziehungen halten. Alleinerziehende mit Vollzeitbeschäftigung müssen in die Lage versetzt werden, ein oder zwei Kinder zu ernähren. Besonders in Städten machen die Mietpreise es fast unmöglich, die Lebenshaltungskosten für einen Erwachsenen mit Kindern allein aufzubringen. Hier braucht es ein steigendes Lohnniveau, sozialen Wohnungsbau und die Schließung der Einkommenslücke zwischen den Geschlechtern.

Beziehungstipps
- Das beste Mittel gegen Ungerechtigkeit ist Transparenz: Sprich mit Kollegen über ihr Gehalt, informiere dich über vergleichbare Tätigkeiten und fordere besonders als Frau stärker ein, was dir zusteht.
- Auch wenn ihr gegen das Ehegattensplitting seid: Solange es keine bessere Familienförderung und gegenseitige Absicherung gibt, profitiert davon und heiratet, sobald ihr Kinder bekommt oder bekommen wollt.
- Lasst euch durch Steuervorteile nicht davon abhalten, arbeiten zu gehen. Unterm Strich und spätestens bei der Rente wird es sich auszahlen.

Andere Formen des Zusammenlebens

Bis etwa zur zweiten Hälfte des 19. Jahrhunderts lebten Menschen in Dorfgemeinschaften, in denen nahezu alle anfallenden Aufgaben ganz pragmatisch nach Fähigkeiten und Kapazitäten aufgeteilt wurden. Erst danach begann sich die heutige Form des Zusammenlebens in weit kleineren Einheiten herauszubilden.

Anders als in früheren Zeiten leben die Großeltern heute selten in der Nähe, geschweige denn im selben Haus. Viele junge Eltern stellen jedoch fest, dass das Zusammenleben in einer größeren Gemeinschaft Vorteile hätte. Wer in der Stadt wohnt, hat kaum Kontakt zu den Nachbarn. Die Verbindung beschränkt sich oft darauf, dass Pakete entgegengenommen und abgeholt werden. Die Betreuung der Kinder durch Nachbarn ist für viele ein ferner, wenn nicht absurder Gedanke. Stattdessen greift man auf bezahlte Babysitter zurück, weil man die Nachbarn oft gar nicht richtig kennt. Man begegnet sich höchstens im Flur und hat auch meistens keine Zeit. In normalen Mehrfamilienhäusern ist kein Begegnungsort vorgesehen – man trifft sich höchstens bei den Mülltonnen. Das ist jedoch kein Ort zum Verweilen und so beschränken sich die Begegnungen auf einen flüchtigen Gruß. Wir leben in unverbindlichen Zeiten.

Bullerbü-Fantasien

Da es für mich nicht infrage kommt, in unmittelbarer Nähe meiner Eltern oder Schwiegereltern zu wohnen, träume ich davon, mit mehreren Leuten, die ich kenne, an einem Ort zusammenzuwohnen, an dem jeder separat leben kann, wo es aber auch Begegnungsräume wie etwa einen Garten oder Terrassen gibt, die von allen Bewohnern genutzt werden können. Diese Idee hat weniger mit einer Hippiekommune gemein, als es zunächst anmutet. Eigentum bliebe trotz des Gemeinschaftsgedankens bestehen. Denn als Studentin habe ich erlebt, was es im Einzelnen bedeutet, einen Gemeinschaftskühlschrank zu haben: letztlich nicht mehr Gerechtigkeit, sondern weniger, und der Unverschämteste gewinnt.

Als Jugendliche hatte ich eine Freundin, bei der ich ständig zu Besuch war, denn bei ihr war es schön. Viel schöner als in dem Einfamilienhaus, in dem ich aufwuchs. Sie hatte sieben Geschwister. Das Haus war immer belebt. In diesem Haus waren nicht nur ihre Geschwister, sondern auch alle möglichen anderen Leute. Das Haus stand in einem Dorf, in dem die Gemeinschaft noch so stark war, dass zahlreiche Türen für Kinder und Erwachsene offenstanden. Alle ihre Geschwister trieben sich in der Nachbarschaft, in den umliegenden Wäldern oder in diesem alten, unordentlichen und sanierungsbedürftigen Haus herum. Für mich war das ein fantastisches Paradies, eine Welt, von der ich geglaubt hatte, sie existiere nur in Geschichten oder fremden Ländern. Aber es war auch in einem kleinen Dorf an einem See in Norddeutschland möglich. Weil die Bewohner offen waren und hilfsbereit, weil die Zäune, sofern vorhanden, freundliche Schlupflöcher hatten und nicht so furchtbar viel Wert auf Ordnung, Sauberkeit und Regeln gelegt wurde wie in dem Dorf, in dem ich aufwuchs.

Eine Familie, die ich über einen Blog kennenlernte, lebt seit zwei Jahren mit den Eltern der Mutter in einem Mehrgenerationenhaus zusammen. Sie bauten es selbst nach ihren Vorstellungen und genießen nun die Vorteile des gemeinsamen Wohnens und der geteilten Sorge für die vier Kinder. Diese Wohnform ermöglicht es beiden Eltern, voll arbeiten zu gehen, denn die Großeltern holen die Kinder ab, betreuen, kochen und sitzen oft mit am langen Familientisch.

Freunde statt Familie

Aber auch Nachbarn und Freunde können die Rolle einer Großfamilie übernehmen.

Laura, 32

Meine Mutter und die Nachbarn sind Gold wert

Meine Mutter wohnt gleich um die Ecke und betreibt im Haus einen kleinen Laden. Dadurch kennt sie viele Leute. So habe ich es geschafft, mir ein belastbares und engagiertes Netz von zuverlässigen Bekannten zu schaffen. Wir leben mitten in der Stadt wie in einer Dorfgemeinde. Man kennt sich, hilft sich aus und schätzt seine Mitmenschen. Für die Hilfe der anderen revanchiere ich mich auf verschiedenste Weise: Ich helfe im Laden, koche und backe für die Nachbarn. Alle nehmen sich Zeit für die anderen und kennen deren Sorgen. Die Nachbarn lieben meine Kinder und kümmern sich bei Bedarf oder einfach so um sie. Mir ist klar, dass es ein absoluter Glücksfall ist, derartig offene und hilfsbereite Menschen in der direkten Umgebung zu haben.

Gemeinschaften wie diese lassen sich jedoch auch konstruieren, wenn man nicht darauf hoffen will, dass der Zufall hilfsbereite Leute ins Haus weht. So gibt es einige Bau- und Wohnprojekte, an denen man sich – entsprechend seinen finanziellen Möglichkeiten – beteiligen kann. Teil solcher Bauvorhaben sind meist Gemeinschaftsräume oder Freiflächen, wo sich die Bewohner begegnen, austauschen und helfen können. Diese Art des gemeinsamen Bauens zeigt ein Bedürfnis – besonders bei Familien mit Kindern – nach einer stärkeren Solidarität. Entsprechende Projekte sollten von staatlicher Seite gefördert werden, da durch sie eine bessere Vereinbarkeit von Familie und Beruf gewährleistet werden kann.

In dem Roman »Bodentiefe Fenster« von Anke Stelling wohnt die Protagonistin mit Mann und zwei Kindern in einem solchen Hausprojekt und macht mit ihren Schilderungen auch gleich auf die Probleme solcher Gemeinschaften aufmerksam. Für die Erzählerin, die ein gutes Beispiel für Frauen abgibt, die sich zu sehr bemühen und sich zu viele Gedanken um ihre Kinder und deren Erziehung machen, bedeutet diese Gemeinschaft aber auch gegenseitige Kontrolle und mehr Anteilnahme als gewünscht. Die Bewohner sind sich durch regelmäßige Sitzungen und die durch die Kinder erzwungenen Begegnungen so nah, dass übergriffige Bemerkungen und Verhaltensweisen an der Tagesordnung sind.

Das Paradies auf Erden gibt es also leider doch nicht. Aber es gibt Möglichkeiten und Wege, sich und seine Umwelt stärker für die Vorteile einer Gemeinschaft zu öffnen. Wie sehr man bereit ist, Hilfe anzunehmen und Gemeinschaften zu bilden, hängt natürlich von jedem selbst ab. Aber mit ein wenig Mut können andere Menschen zu einem enormen Gewinn werden und die heute übliche Kleinfamilie entlasten und bereichern.

 Beziehungstipps
- Solltest du keine Familie in greifbarer Nähe haben, schaffe dir nach Möglichkeit ein belastbares soziales Netz, das diese Funktion übernimmt.
- Ladet Freunde deiner Kinder mit ihren Eltern zu euch ein, verabredet gemeinsame Spielplatzbesuche und du wirst sehen, dass diese Beziehungen langfristig zu gegenseitigen Entlastungen führen werden.
- Auch wenn es zunächst schwerfällt: Bitte andere um Hilfe und nimm sie auch an.
- Sei gegenüber deinen Familienmitgliedern, Freunden und Bekannten möglichst offen und verbindlich, auch wenn ihr nicht dieselben Ansichten teilt. Sie werden dein Leben vielleicht doch bereichern und erleichtern.

7 Kinder sind wertvoll

Ich habe den Eindruck, dass Kindern in Deutschland kein großer Wert beigemessen wird. Kinder werden eher als Problem gesehen. Sie sind ein Armutsrisiko, ein Kostenfaktor, sie schränken die persönliche Freiheit der Eltern ein, machen Trennungen wahrscheinlicher, sind Ruhestörer und allgemeines öffentliches Ärgernis. In anderen Ländern – wie etwa in Italien – reagiert ein Großteil der Menschen positiv auf Kinder im öffentlichen Raum. Passanten zeigen sich entzückt und interessiert. Sie suchen Kontakt mit Kindern und Eltern und sind sichtlich erfreut über die Begegnung.

In Deutschland kommt das zwar auch vor, doch der Standardfall ist der, dass Kinder nerven, im Weg stehen, hinderlich und lästig sind. In einer kurzen Periode, in der unsere Tochter es sich zur Aufgabe und Mutprobe gemacht hat, Fremde anzusprechen beziehungsweise Hallo zu ihnen zu sagen, reagierten die meisten kaum auf ihren aufkeimenden Charme. Meine Tochter stand dabei auf dem Zaun des Spielplatzes, auf dessen anderer Seite ein Gehweg entlangführte. Der Großteil der Passanten schaute angesichts ihrer Begrüßung zu Boden oder kurz irritiert in ihr Gesicht und ging weiter. Meine Tochter, die eigentlich eher zurückhaltend ist, war stolz, ihre Schüchternheit überwunden und Fremde angesprochen zu haben. Immer, wenn jemand zu ihr auch Hallo sagte, freute sie sich, kam zu mir und sagte mir, dass da jemand nett gewesen sei. Manchmal war sie vollkommen aus dem Häuschen und sagte, dass sie sogar angelächelt worden sei oder dass ihr jemand seinen Namen gesagt habe.

Plötzlich Vorbild

Früher war ich verhalten gegenüber Kindern. Ich fühlte mich unwohl in ihrer Gegenwart, weil ich keine Ahnung hatte, was ich mit ihnen anfangen sollte, wie sie ticken und worüber man mit ihnen reden kann. Es fiel mir schwer, mich auf sie einzulassen und herauszufinden, was sie mögen und was nicht.

Heute habe ich diese Angst kaum noch. Vor allem nicht bei Kindern, die so klein sind wie meine eigenen. Auch mein Mann ist ein richtiger Kindermagnet geworden. Kleinkinder schätzen seine Fäkalwitze und seine Albernheiten und er liebt es, sie zum Lachen zu bringen. Denn neben all den Entbehrungen und angeblichen Einbußen an Glück, werden leicht die zahlreichen wunderbaren Momente mit Kindern vergessen, die so intensiv und voller Freude und Liebe sind, dass es Ahnungslosen kaum vermittelbar ist.

Kinder können Sinn stiften und den Horizont um einige Kilometer erweitern. Sie verändern die Geschwindigkeiten der eigenen Wahrnehmung und pinseln die Welt mit anderen Farben an. Aber am beeindruckendsten ist, dass sie Kräfte freisetzen. Ich meine nicht unbedingt die berüchtigten Löwenmutterkräfte, sondern etwa den Willen, die Welt für die eigenen Kinder zu einem besseren Ort zu machen oder selbst ein besserer Mensch zu werden. Plötzlich bist du ein Vorbild.

Ich kann mich heute besser auf Kinder einlassen, auf Erwachsene und auf viele andere Dinge, die mir fremd sind. Ich bin offener und unbefangener geworden. Ich nehme mich selbst weniger ernst. Und ich genieße die Zeit mit meinen Kindern wirklich sehr. Ich genieße die Ruhe, zu der sie mich zwingen, wenn ich mit ihnen die Wege der Ameisen anschauen soll, und den verschwenderischen Umgang mit meinen geistigen Ressourcen. Mittlerweile freue ich mich über fast jedes Kind, das meinen Weg kreuzt. Wenn ein Kind im Supermarkt oder im Bus brüllt, rümpfe ich nicht die Nase, sondern empfinde Verständnis für die Eltern und frage, ob ich helfen kann.

Seite an Seite über den Windelberg

Diese Gefühle und Veränderungen teile ich mit meinem Mann. Auch er hat sich in den letzten Jahren verändert. Wir sind Eltern geworden. Das passiert nämlich nicht automatisch mit der Geburt des ersten Kindes, sondern ganz langsam. Wir beide sind inzwischen vor Liebe überschäumende Honks, wenn es um Kinder geht. Uns schießt das Wasser bei allem möglichen Blödsinn vor Rührung in die Augen. Die albernsten Dinge, über die wir früher die Brauen hochgezogen hätten, lassen uns nun vor Stolz dahinschmelzen. Kinder verursachen tatsächlich eine Krise, aber die gemeinsame Bewältigung dieser Krise stärkt auch die Partnerschaft. Wir wissen mittlerweile, wie der andere in Krisensituationen reagiert, was von ihm zu erwarten ist und was nicht. Wir teilen nicht nur zwei wunderbare Kinder, sondern auch den Weg, der zu ihnen führte. Denn wir sind ihn gemeinsam gegangen.

Es klingt mir immer noch zu kitschig, wenn ich höre, dass Kinder unsere Zukunft sind, aber sie sind es tatsächlich in einem ganz trivialen Sinne. Die Welt, in der sie als Erwachsene leben, wird anders sein als die Welt ihrer Eltern. Sie werden andere Musik hören, ihre Eltern uncool finden, für uns unverständliche Wege einschlagen und sie werden durchschnittlich länger leben. Schon allein durch diese einfachen Tatsachen sind sie die Zukunft, weil sie die zukünftige Welt mitgestalten. Nicht nur die abstrakte Welt dort draußen, sondern auch unsere Welt als Familie.

Wir werden unsere Kinder hoffentlich gemeinsam aufwachsen sehen und weit besser verstehen als andere, was für Menschen sie sind und was die einzelnen Entwicklungen bewirkten. Wir werden Stolz und Sorgen teilen, Befürchtungen und Ängste. Und zwar auf eine Weise, wie sie nicht zu vermitteln ist. Ein neuer Partner würde das Wesen unserer Kinder oder ihre Entwicklung nie so begreifen wie der, der dabei gewesen ist.

Sinn statt Glück

Aber viel wichtiger ist ein anderer Punkt, ein Punkt, der oft vergessen wird: Kinder sind zwar Studien zufolge nicht die geeignetste Zutat für persönliches Glück, aber wer braucht schon Glück, wenn er Sinn haben kann?

Schon lange weiß man, dass Geld nicht glücklich macht, obwohl fast alle Menschen das denken. Experimente haben immer wieder gezeigt, dass Geld dann glücklich macht, wenn wir es anderen geben. Das Gefühl, jemandem zu helfen, macht uns glücklicher. Und so wie Kinder ihren Eltern am Anfang ihres Lebens zahlreiche Aufgaben und Anlässe zum Helfen geben, so geben sie dem Leben mehr Sinn. Menschen, die auf dem Sterbebett liegen, bedauern häufig, dass sie zu wenig Zeit mit ihren Liebsten und Freunden verbracht haben.

Denn es sind Beziehungen zu anderen Menschen, die das Leben reicher machen und uns die Gewissheit geben, etwas Wichtiges erschaffen zu haben. Menschen sind soziale Wesen. Sie brauchen Anerkennung und gemeinsames Erleben, um Dinge als wertvoll zu empfinden.

Beziehungen sind wertvoll

In westlichen Ländern herrscht derzeit ein pragmatisches Denken vor. Wert entsteht vorgeblich durch Nutzen. Es gibt kaum noch einen Wert an sich. Bildung etwa hat für die meisten Menschen nur dann einen Wert, wenn sie sich nutzbar machen lässt. Sogar die Liebe wird auf ihre Nützlichkeit hin geprüft. Der Wert von Beziehungen wird oft daran gemessen, ob sie für die Menschen förderlich sind und ob sie emotional oder finanziell von ihr profitieren. Ist das nicht der Fall, wird oft geraten, die Beziehung zu beenden.

Doch Beziehungen haben einen Wert an sich. Nur durch andere können Menschen sich selbst erfahren, verstehen und entwickeln. Beziehungen befriedigen ein menschliches Grundbedürfnis und reichern das Leben mit Sinn und Wert an. Genauso wie Nähe einen Wert an sich hat. Oder Sex.

Wenn weniger Kinder geboren werden, entsteht ein Loch. Und dieses Loch versuchen viele Leute mit Hunden zu stopfen oder mit Katzen, mit Konsum oder Drogen. Einsamkeit ist eine gefährliche Zivilisationskrankheit geworden und eine Folge unseres Individualismus. Wir sind so speziell und selbstbestimmt, dass wir andere immer stärker als einschränkend und belastend empfinden. Besonders gut zeigt sich das in der mangelnden Bereitschaft junger Erwachsener, für ihre pflegebedürftigen Eltern zu sorgen. Die Versorgung und Pflege der eigenen Eltern wurden durch die staatliche Rente und die Pflegeversicherung nahezu abgeschafft.

Kinder brechen durch ihre Bedürftigkeit mit der Sichtweise, nach der jeder sich selbst der Nächste ist, und erteilen den Menschen, die ihnen nahe sind, eine Lektion in Demut und Verantwortungsbewusstsein. Diese Lektion ist nicht leicht zu lernen, aber es ist die beste Lektion, die ich je erhalten habe.

Erfolge, Reichtum und Freude bekommen erst dadurch einen Wert, dass man die Erfahrung mit anderen teilt. Kinder eignen sich dazu besonders gut, es müssen auch nicht die eigenen sein. Auch andere Menschen eignen sich mitunter. Beziehungen sollten wieder einen größeren Wert bekommen, der weniger kitschig-verklärt ist, als es uns Romanzen weismachen wollen. Langfristige Beziehungen sind anstrengend, manchmal ermüdend und frustrierend. Aber sie machen das Leben schöner.

In der Serie »Fargo« gibt es eine Szene, in der eine Frau, die schwer an Krebs erkrankte und bald sterben wird, mit ihrer schlafenden Tochter im Bett liegt. Die Babysitterin liest gerade »Der Mythos des Sisyphos« von Albert Camus. Sie sagt: »Camus sagt: Zu wissen, dass wir sterben, macht das Leben absurd.« Die Mutter runzelt die Stirn und antwortet: »Ich weiß nicht, wer das ist, aber ich vermute, er hatte kein sechsjähriges Mädchen.«

Literaturverzeichnis

Arránz Becker, Oliver. 2008. Was hält Partnerschaften zusammen? Psychologische und soziologische Erklärungsansätze zum Erfolg von Paarbeziehungen. Aachen: VS

Diel, Sarah. 2014. Die Uhr, die nicht tickt. Kinderlos glücklich. Eine Streitschrift. Zürich, Hamburg: Arche

Doepke, Matthias; Zilibotti, Fabrizio. 2019: Love, Money & Parenting. How economics explains the way we raise our kids. Princeton: Princeton University Press

Donath, Orna. 2016. #regretting Motherhood. Wenn Mütter bereuen. München: Knaus

Howe, David. 2015. Bindung über die Lebensspanne. Grundlagen und Konzepte der Bindungstheorie. Paderborn: Junfermann

Illouz, Eva. 2018. Warum Liebe endet. Eine Soziologie negativer Beziehungen. Berlin: Suhrkamp

Juul, Jesper. 2017. Liebende bleiben. Familie braucht Eltern, die mehr an sich denken. Weinheim, Basel: Beltz

Kelle, Birgit. 2017. Muttertier. Eine Ansage. Basel: Fontis

Knausgård, Karl Ove. 2017. Kämpfen. München: Luchterhand

Krüger, Wolfgang. 2011. Freiraum für die Liebe. Nähe und Abstand in der Partnerschaft. Freiburg im Breisgau: Herder

Krüger. Wolfgang. 2006. Liebe, Macht und Leidenschaft. Die Erfolgsregeln für fairen Konfliktausgleich in der Partnerschaft. Freiburg im Breisgau: Herder

Mika, Bascha. 2011. Die Feigheit der Frauen. Rollenfallen und Geiselmentalität. Eine Streitschrift wider den Selbstbetrug. München: Bertelsmann

Mundlos, Christina. 2016. Wenn Mutter sein nicht glücklich macht. Das Phänomen Regretting Motherhood. München: MVG

Perel: Esther. 2006. Die Rückkehr der Erotik in die Liebe. München und Zürich: Pendo

Reichle, Barbara; Werneck, Harald (Hrsg.). 1999. Übergang zur Elternschaft. Aktuelle Studien zur Bewältigung eines unterschätzten Lebensereignisses. Aus der Reihe: Der Mensch als soziales und personales Wesen. Band 16. Stuttgart: Enke

Sichtermann, Barbara. 2010: Leben mit einem Neugeborenen. Ein Buch über das erste halbe Jahr. Frankfurt am Main: S. Fischer

Senior, Jennifer. 2014. Himmel und Hölle. Das Dilemma moderner Elternschaft. Zürich und Berlin: Kein & Aber

Welding, Malte. 2015. Seid fruchtbar und beschwert euch! Ein Plädoyer für Kinder – trotz allem. Köln: Kiepenheuer & Wietsch

Endnoten

1. www.demographic-research.org/volumes/vol35/16/
2. www.presseportal.de/pm/13483/3622154
3. Senior, Jennifer. 2014. Himmel und Hölle. Das Dilemma moderner Elternschaft. Zürich, Berlin: Kein & Aber, S. 85
4. www.presseportal.de/pm/13483/3622154
5. www.muettergenesungswerk.de/uploads/328/MGW_Datenreport_2018.pdf
6. Mika, Bascha. 2011. Die Feigheit der Frauen. Rollenfallen und Geiselmentalität. Eine Streitschrift wider den Selbstbetrug. München: Bertelsmann, S. 26
7. Reichle, Barbara u. Werneck, Harald (Hrsg.). 1999. Übergang zur Elternschaft. Aktuelle Studien zur Bewältigung eines unterschätzten Lebensereignisses. Aus der Reihe: Der Mensch als soziales und personales Wesen. Band 16. Enke: Stuttgart, S. 122
8. http://www.researchgate.net/publication/312961123_Gender_stereotypes_about_intellectual_ability_emerge_early_and_influence_children's_interest
9. Senior, Jennifer. 2014. Himmel und Hölle. Das Dilemma moderner Elternschaft. Zürich, Berlin: Kein & Aber, S. 99
10. Perel, Esther. 2006. Die Rückkehr der Erotik in die Liebe. Pendo: München und Zürich, S. 196
11. www.bmfsfj.de/bmfsfj/aktuelles/alle-meldungen/studie-zur-zeitverwendung-eltern-wuenschen-sich-mehr-zeit-fuer-familie/83604?view
12. www.t-online.de/leben/familie/erziehung/id_56924968/wenn-kinder-zum-trennungsgrund-werden.html
13. Juul, Jesper. 2017. Liebende bleiben. Familie braucht Eltern, die mehr an sich denken. Weinheim, Basel: Beltz, S. 47
14. Juul, Jesper. 2017. Liebende bleiben. Familie braucht Eltern, die mehr an sich denken. Weinheim, Basel: Beltz, S. 56
15. Arránz Becker, Oliver. 2008. Was hält Partnerschaften zusammen? Psychologische und soziologische Erklärungsansätze zum Erfolg von Paarbeziehungen. Aachen: VS, S. 253
16. www.bmfsfj.de/blob/93786/bf2701b4762dfda3a843780c36b62c65/familienreport-2010-data.pdf
17. www.dak.de/dak/download/vollstaendiger-bundesweiter-gesundheitsreport-2014-2119710.pdf (S. 81–87)
18. www.delta-sozialforschung.de/cms/upload/news/frauen-in-teilzeit.pdf
19. www.taz.de/Juristin-ueber-Unterhaltspflicht/!5039297/
20. www.gallup.de/183104/engagement-index-deutschland.aspx
21. Reichle, Barbara u. Werneck, Harald (Hrsg.). 1999. Übergang zur Elternschaft. Aktuelle Studien zur Bewältigung eines unterschätzten Lebensereignisses. Aus der Reihe: Der Mensch als soziales und personales Wesen. Band 16. Enke: Stuttgart, S. 48

22 Reichle, Barbara u. Werneck, Harald (Hrsg.). 1999. Übergang zur Elternschaft. Aktuelle Studien zur Bewältigung eines unterschätzten Lebensereignisses. Aus der Reihe: Der Mensch als soziales und personales Wesen. Band 16. Enke: Stuttgart, S. 201

23 Perel: Esther. 2006. Die Rückkehr der Erotik in die Liebe. Pendo: München, Zürich, S. 181

24 www.bmfsfj.de/bmfsfj/themen/gleichstellung/frauen-vor-gewalt-schuetzen/haeusliche-gewalt/haeusliche-gewalt/80642

25 Illouz, Eva. 2018. Warum Liebe endet. Eine Soziologie negativer Beziehungen. Suhrkamp: Berlin, S. 257–258

26 www.bmfsfj.de/blob/76232/4abcbfc3b6124fccc2766fd4cc11e87c/monitor-familienforschung-ausgabe-28-data.pdf

27 www.bmfsfj.de/bmfsfj/themen/gleichstellung/frauen-vor-gewalt-schuetzen/haeusliche-gewalt/haeusliche-gewalt/80642

28 www.besondere-dienste.verdi.de/themen/nachrichten/++co++f75a98c6–39fa-11e6-b184–525400a933ef

29 www.br.de/nachrichten/sorgerecht-streit-kind-102.html

30 www.br.de/nachrichten/sorgerecht-streit-kind-102.html

31 www.vamv.de/fileadmin/user_upload/bund/dokumente/Pressemitteilungen/Hintergrundinformationen/Statistik/Alleinerziehende_in_Zahlen_mit_Header.pdf

32 www.bpb.de/apuz/252655/armutsrisiko-alleinerziehend?p = all

33 https://de.statista.com/statistik/daten/studie/289423/umfrage/kosten-fuer-kinder-pro-monat-in-deutschland-nach-anzahl-der-kinder/

34 das-maennermagazin.com/

35 www.oecd.org/berlin/presse/pisa-studie-2018-leistungen-in-deutschland-insgesamt-ueberdurchschnittlich-aber-leicht-ruecklaeufig-und-mit-grossem-abstand-zu-den-spitzenreitern-03122019.htm

36 www.sz-magazin.sueddeutsche.de/liebe-und-partnerschaft/im-gesetz-steht-von-liebe-kein-wort-82190

37 http://www.bpb.de/politik/innenpolitik/familienpolitik/211417/wirkt-familienpolitik-auf-die-geburtenrate?p = all

38 www.zeit.de/gesellschaft/2016–11/studie-zufriedenheit-deutschland-forsa

39 www.workplace-innovation.de/eltern-mitarbeiter-mit-kinder-produktiver/

40 www.rnz.de/wirtschaft/wirtschaft-regional_artikel,-bedingungsloses-grundeinkommen-wie-richard-david-precht-den-sozialstaat-retten-will-_arid,442421.html

41 www.welt.de/politik/deutschland/article192175977/Ehegattensplitting-Verwitwet-alleinerziehend-und-steuerlich-bestraft.html

42 http://bmfsfj.de/blob/119524/f51728a14e3c91c3d8ea657bb01bbab0/familien-report-2017-data.pdf

Sachverzeichnis

A

Abhängigkeit, finanzielle 86, 155, 161
Affäre 121, 135
Alleinerziehende 18, 177, 180, 182
apokalyptische Reiter 112
Armutsrisiko 190, 192
Attachment Parenting 27, 29
Aufgabenverteilung 42, 44, 54, 63

B

Berufstätigkeit 89, 95
Beziehungen 22, 105, 130, 201
Bindung 27, 29

E

Ehe 84, 162
Eifersucht 134
Emanzipation 59
Entfremdung 75
Erschöpfung 48
Erwartungen 104–105, 107

F

Familie 18, 199
Familienpolitik 184
Freiheit 44, 68

G

Gewalt 153, 155, 163
Gleichgültigkeit 140, 142
Grenzen 30, 65, 68

H

Hausarbeit 31, 34, 37
Humor 137

K

Kommunikation 14, 100, 102, 119, 160

L

Lästern 116
Liebe 15, 17, 146
Loyalitätskonflikte 18, 165
Lust 16, 123, 130, 132

M

Muttermythos 132
Mutterrolle 13

P

Perfektionismus 23, 57, 66

R

Rechtstreit 168
Rollenbilder 32, 50, 60, 71
Rückzug 74, 80, 124

S

Schuldgefühle 76
Selbstständigkeit 83
Sex 121–122, 125, 127
Stellvertreterkriege 114

Streitgespräche 113
Stress 66, 92, 130

T

Teamarbeit 52
Teilzeit 93, 185
Therapie 117
Trennung 18, 21, 25, 151, 155, 173

U

Unterhaltszahlungen 170, 176

V

Veränderungen 16, 82
Verantwortung 37, 65, 70

W

Wechselmodell 170

Z

Zärtlichkeit 80, 119